Lichtenberg zum Vergnügen

Georg Christoph Lichtenberg
Porträt en face nach rechts von Johann Conrad Krüger,
Kupferstich nach einem Gemälde von Johann Ludwig Strecker,
1781/82

Lichtenberg zum Vergnügen

Herausgegeben von Alexander Kluy

Mit 7 Abbildungen

Reclam

RECLAMS UNIVERSAL-BIBLIOTHEK Nr. 19651
2020 Philipp Reclam jun. Verlag GmbH,
Siemensstraße 32, 71254 Ditzingen
info@reclam.de
Umschlagillustration: Nikolaus Heidelbach
Druck und Bindung: Esser printSolutions GmbH,
Untere Sonnenstraße 5, 84030 Ergolding
Printed in Germany 2025
RECLAM, UNIVERSAL-BIBLIOTHEK und
RECLAMS UNIVERSAL-BIBLIOTHEK sind eingetragene Marken
der Philipp Reclam jun. GmbH & Co. KG, Stuttgart
ISBN 978-3-15-019651-9
reclam.de

Inhalt

Vorwort 7

I »Wer ist da? Nur ich. O das ist überflüssig
genug.«

Menschliche Selbstbetrachtungen 25

II »Jeder Mensch hat auch seine moralische
backside«.

Über Tugend, Körperlichkeit und
Schriftstellerei 43

III »Es tun mir viele Sachen weh, die andern
nur leidtun.«

Über Vernunft, Menschenverstand und Einfalt 64

IV »Das *Ja* mit dem Kopfschütteln, und
das *Nein* mit dem Kopfnicken«.

Über Furcht, Irrwitz und Freiheit 81

V »Es ist eine Frage, welches schwerer ist,
zu denken oder nicht zu denken.«

Über Glauben, Unmögliches und Irrtümer ... 109

VI »Es ist fast unmöglich, die Fackel der
Wahrheit durch ein Gedränge zu tragen,
ohne jemandem den Bart zu sengen.«
Über Wahrheit, Aufklärung und das Glück
des Zweifelns 126

VII »Wo muss ich hierbei hinsehen um
etwas zu finden, was noch kein Mensch
gefunden hat?«
Über Einfälle, Phantasie und Witz 138

Zeittafel 153
Textnachweise 159
Verzeichnis der Abbildungen 164

Vorwort

Robert Gernhardts Wahl war eine vergnügliche. Auf die dem Zeichner, Reimvirtuosen und parodistischen Vokalakrobaten gestellte populäre Frage, mit welchem Buch er es denn am längsten auf einem einsamen Eiland aushalten würde, antwortete er im Jahr 2004 leichten Herzens wie schneller Feder: mit den *Sudelbüchern* Georg Christoph Lichtenbergs! Und er fügte noch hinzu: »Ja, ich könnte mir sogar vorstellen, dass das Buch vor mir und das Meer um mich als Verwandte grüßen würden – sind doch beide unergründlich und unerschöpflich.«

Unergründlich, unerschöpflich, dabei hinreißend lesbar, durchgehend vergnüglich, und all dies bis heute. War ein solcher Autor wie Lichtenberg – der, wie Kurt Tucholsky 1931 preisend schrieb, »einen Verstand gehabt hat wie ein scharf geschliffenes Rasiermesser, ein Herz wie ein Blumengarten, ein Maulwerk wie ein Dreschflegel, einen Geist wie ein Florett« –, ein solcher Räsoneur und philosophischer Anthropologe jenseits geschlossener, hochgestapelter und monumentaler Denkarchitekturen denn jemals außer Mode?

Ja. Durchaus. Editionen der *Sudelbücher* erschienen lange als nicht übermäßig seriös anmutende Auswahlausgaben. Erst 230 Jahre nach dem Geburtsjahr des nahe Darmstadt das Licht der Welt erblickenden Lichtenberg (1742) lag eine wirklich solide, modernen literaturwissenschaftlichen Ansprüchen genügende kritische und kommentierte Werkausgabe vor. Diese zeigte umfänglich, was Tucholsky eine Generation zuvor so wortmächtig und bildstark gepriesen hatte. Dieser, wahrlich von der deutschen Sprache so zurückgeliebt, wie er sie seinerseits spielerisch amourös umgarnte, hatte recht behalten: Von dem, was in den Lichtenberg'schen *Sudelbüchern* »verschüttet liegt«, leben andere Leute ihr ganzes Leben. Tucholskys Schluss-Aufseufzen 1931 in dem bürgerlich-liberalen Berliner Großstadtblatt *Vossische Zeitung* gilt heute noch immer:

In Deutschland erscheinen alljährlich dreißigtausend neue Bücher.
Wo ist Lichtenberg –? Wo ist Lichtenberg –?
Wo ist Lichtenberg –?

Lichtenberg war sogenannter Aphoristiker. Nun ist Aphorismus-Forschung, man verzeihe das Wortspiel, immer schon Stückwerk geblieben. Manche erinnert die Bestimmung dieses – ja was? Spruchs oder, im österreichischen Deutsch, Sagers? Gedankensplitters?, dieser Notiz oder philosophischen Illumination?, dieser »unfrisierten Gedanken« (Stanisław Jerzy Lec) oder »verärgerten Logik« (Gabriel Laub)? – an das

8

ausdauernde Festhalten eines Aals mit bloßer Hand. Es ist schlechterdings unmöglich. Der jüngste, der sich darum mühte, ist ein in Singapur lehrender Geisteswissenschaftler, Andrew Hui, der seine Theorie des Aphorismus umstandslos von Konfuzius bis Twitter durch die schreibende beziehungsweise textende Menschheitsgeschichte spann. Auch dieser Interpret tut sich schwer. Und greift zu Bildern und Metaphern. So sei der Aphorismus »vor, gegen und nach Philosophischem«. Der Versuch der Ausdeutung öffne eine Vielzahl an Welten. Daher sei, so Hui, der Aphorismus »atomar«. Spalte man diese literarische Mikroform auf – bis heute, so Hui, die ausdauerndste Ausdrucksform und angesichts von Tweets, Memes und GIFs in der digitalen Kommunikation zugleich die aktuellste –, so fliege einem die Bedeutung um die Ohren.

Aus dem atomaren Lichtenberg'schen Kleinkosmos in Göttingen zwischen 1763 und seinem Todesjahr 1799 – der Schwelle zum neuen Jahrhundert verweigerte sich sein schwacher Körper – fliegen die Funken auf bis heute. Aus einer Zeit, die materiell so ganz anders war und doch ideell so stupend der unseren ähnelt. Besser gesagt: *Wir* stehen auf *ihren* Schultern, wie Zwerge auf denen von Riesen. Ohne das 18. Jahrhundert gäbe es heute kaum etwas von dem, was wir denken, worüber wir disputieren, wofür wir uns engagieren und was wir schützen wollen, angefangen bei den Menschenrechten über die Freiheit des Einzelnen bis hin zur Psychologie und einem anderen, tiefergehenden Naturverständnis.

Das Göttingen, in das Lichtenberg als Student kam, war vom Siebenjährigen Krieg heftig durchgerüttelt worden. Über eintausend Menschen ließen in der Hochschulstadt ihr Leben. Die Einwohnerzahl lag nach Kriegsende nur knapp über 6000. Die Oberschicht umfasste prozentual rund neun Prozent, der Mittelstand ungefähr 55 Prozent. Mehr als ein Drittel der Stadtbewohner hatte nicht genug zum Leben. Massenarmut war Alltagsphänomen. 1763 war jeder siebte Göttinger ohne jeden Besitz, Tendenz steigend. Um 1800 konnte jeder Dritte nicht mehr ohne städtische Almosenalimentierung sein in der Regel kurzes Leben fristen. Parallel dazu gab es ein System von Armen- und Werkhäusern sowie von Industrieschulen, die zu besuchen »Arbeitswilligen« oblag – eine Sozialkontrolle war damit garantiert –, während »Faulen«, die diese Institutionen aus welchen Gründen auch immer nicht frequentieren wollten oder konnten, keinerlei Unterstützung gewährt wurde. Sozialdarwinismus *avant la lettre*. In dieser Welt stellte Lichtenberg seine anthropologischen Gedanken an, wendete sie, drehte sie, examinierte, was ihm unterkam in seiner Zeit.

Wie, ist zu fragen, ist das Fernrohr nun zu halten? Richtig oder falsch herum? Ist die Zeit zwischen später

Nikolaus Zimmermann: Göttinger Straßenszene,
Aquarell, 1793

Früher Neuzeit, den Ausläufern des barocken Dreißigjährigen Kriegs, und erster Frühmoderne, bürgerli-
chem Biedermeier und einsetzender Industrialisie-
rung uns fern, wenn wir mit einem Teleskop auf sie
blicken? Oder ist sie erstaunlich nah? Ist sie eine des
unaufhaltsamen Aufstiegs der Menschheit zum
Glück? Oder sind die noch heute in Gesellschaftsde-
batten, etwa der Diskussion um ein bedingungsloses
Grundeinkommen, reklamierten philosophischen
Grundlagen von Rousseau, Diderot und der Compagnie der Aufklärer weit in den Hintergrund dieser langen Epoche zu rücken, weil die Aufklärung ein Min-

derheitenprogramm für Kaffeehäuser in Paris und für Drucker in der Schweiz war, diese Jahrzehnte aber vielmehr von Adelspolitik und höfischen Intrigen zwischen Wien und Berlin, Paris und St. Petersburg, Kopenhagen, London und Warschau dominiert wurden?

Und weitab vom Fokus der Zentren, in der Provinz, lebte jenes klein gewachsene Männlein (1,41 m messend? 1,43 m?) namens Lichtenberg. Auf spillerigen Beinen stakste er mehr als dass er ging, wie Karikaturen überlieferten, war gelehrt, scharfäugig, spitzzüngig, geistreich. Ein konzentrierter Leser gelehrter Journale. Dabei keineswegs ein Verächter des Derben (»lieber sich einmal die Hochzeit zu Kanaan am Ofen auf den bloßen Arsch gebrennt, als lange so gesessen«, oder: »Come let us piss / on Mr. Twiss«). Wie alle Menschen des 18. Jahrhunderts begegnete er dem Tod auf Schritt und Tritt – als er neun war, starb sein Vater, bis dahin waren schon zwölf seiner Geschwister tot, später verschieden enge Freunde und die erste große Liebe, was ihm das Herz brach. In fortgeschrittenem Alter erlebte er die Liebe *in eroticis*, dafür wurde er schließlich achtfacher Vater.

Dieser Lichtenberg, das jüngste von siebzehn Kindern eines Pastors – er wie so viele andere auch also Hervorbringung des evangelischen Pfarrhauses, diesem seelisch-geistesgeschichtlich-kulturellen Fixpunkt der deutschen Geschichte (von Lessing über Nietzsche und Gottfried Benn bis Angela Merkel), in seinem Fall jedoch durch den Tod des Vaters abgekürzt –, war vieles: Als Professor der Mathematik und Experimentalphysik zu Göttingen ein angesehener wie bei den Studenten (die damals für jede einzelne Vorlesung Hörgeld zu entrichten hatten) beliebter Wissenschaftler. Ein Experimentator, der erste Blitzableiter-Installateur in der niedersächsischen Universitätsstadt und ein beflissener, jedoch zu seinem Leidwesen verhinderter Ballonfahrer. Mitglied nicht weniger europäischer Wissens- und Gelehrtenakademien. »Lichtenberg war zeitlebens zweierlei oder genauer dreierlei zugleich«, brachte Helmut Heißenbüttel es auf den Punkt. »Wissenschaftler und Literat waren nicht zu trennen, und in beiden kam immer auch der Philosoph zum Wort.«

Darüber hinaus war er vielleicht ein noch bedeutenderer Menschenseelenanalytiker, ein Psychologe, was schon der greise Sigmund Freud, ausnahmsweise einmal frei von jedem Neid, in einem Brief an Albert Einstein eingestand. Der Physiknobelpreisträger wiederum notierte ein Vierteljahrhundert später, 1955, er kenne keinen, »der mit solcher Deutlichkeit das Gras wachsen hört«.

Zudem war Lichtenberg Liebender. Und ein literarisch bewegend Trauernder – sein Brief, in dem er den Tod der jungen Stechardin, seiner ersten Herzens- und Bettgenossin, beschrieb, ist noch immer herzzerreißend.

Und er war im tintenklecksenden 18. Jahrhundert ein Aufzeichnungsweltmeister.

Zwischen 1766 und 1799 hat Lichtenberg geschätzt an die 10 000 Briefe geschrieben, von denen literaturwissenschaftlich-archivalisch rund 2500 belegt sind. (Hätte sich die Korrespondenz vollständig erhalten, würde sie, so wird geschätzt, 14 000 bis 15 000 Buchseiten füllen.) Der Lichtenberg-Forscher Ulrich Joost schlüsselte es einmal arithmetisch auf: »Wenn Lichtenberg über 10 000 Briefe in 30 Jahren geschrieben hätte, dann wären das also durchschnittlich in jedem Jahr über 330.« Anders gesagt: Jedes Jahr räumte er »500 Stunden der schriftlichen Kommunikation« ein, »oder an jedem Tag fast zwei Stunden«.

Und das war beileibe nicht alles. Geschrieben hat Lichtenberg in seinem knapp 57 Jahre umfassenden Leben neben der gewaltigen Korrespondenz noch: 2000 Druckseiten Notiz- und Sudelbücher; 1000 Seiten Tagebücher unterschiedlicher Gestalt; er füllte 7000 bis 8000 Seiten des von ihm fast ein Vierteljahrhundert lang betreuten und herausgegebenen *Göttinger Taschen Calenders*. Dazu gibt es 200 Seiten Abhandlungen und Streitschriften. 200 Seiten Aufsätze im *Göttingischen Magazin*. 500 Seiten Hogarth-Erklärungen. Und 1500 Seiten Vorlesungsaufzeichnungen, -entwürfe und -notizen.

Wer allerdings meint, Lichtenberg sei ein Einsiedler gewesen, ein unablässig vor sich hin schreibender

Das Wohnzimmer der Familie Dieterich,
Gouache von einem unbekannten Maler, um 1800

Eremit, der täuscht sich. Seine soziale Kompetenz war so ausgeprägt wie weitgefächert. Er muss ein geistreicher, umgänglicher Unterhalter gewesen sein, Freund vieler, die ihn für seine Gesellschaft schätzten. So wie Johann Christian Dieterich, Buchhändler und Verleger (damals gehörte zum einen auch das andere) zu Göttingen, der ihn in seinem Haus in der Gotmarstraße ab 1776 ohne Mietzahlung wohnen ließ; allerdings nicht ganz kostenfrei.

Im Gegenzug verpflichtete sich der Professor, Dieterichs *Taschenbuch zum Nutzen und Vergnügen nebst*

Göttinger Taschen Calender als Herausgeber zu betreuen, und zwar für die nächsten 23 Jahre. Lichtenberg sollte zahlreiche Texte beisteuern, vor allem Erklärungen zu den Kupferstichen des englischen Künstlers William Hogarth. Im von Dieterich um Zukäufe erweiterten Anwesen wohnten zeitweilig drei englische Prinzen und weitere wohlhabende Studenten mit ihrer Entourage sowie mehrere Hausangestellte im Gartenhaus; zu gewissen Zeiten lebten rund fünfzig Menschen in dem Gebäude. Schreiben und Denken im 18. Jahrhundert war eine alles andere als stille Angelegenheit. Trubel, Gesellschaft, Gemeinschaft – allein schon die im eigenen Haushalt mit Bediensteten und Hilfen – verhinderten den kleinsten Anhauch von Intimität und abgeschirmter Privatsphäre.

Doch etwas schrieb Lichtenberg ganz für sich, seine Gedankenjournale, die der Allzeitspötter als »Sudelbücher« titulierte. Besser gesagt: Er schrieb sie für sein Selbst. Eben dieses Selbst ist der gar nicht so geheime Fluchtpunkt seines gesamten Nachdenkens. In Summa ergibt sich daraus »eine Art von Protokoll des Lichtenberg'schen Bewusstseins« (Rainer Baasner). Auf das Paradoxe hat schon vor mehr als einhundert Jahren der Wiener Kulturhistoriker Egon Friedell hingewiesen, der seinerseits schriftstellerisch eher zu monumentalen, Zivilisationen wie Jahrhunderte übergreifenden Gesamtdarstellungen tendierte. Die *Sudelbücher* würden, wie er es treffend nannte,

»den Charakter unendlicher Ausdehnungsfähigkeit« in sich tragen.

»Spaß und verborgenes Problem, Heiterkeit auf dem Grunde depressiver Ängstlichkeit – einfache Erklärungen sind bei Lichtenberg gefährlich; die Sachen gehen nicht glatt auf bei ihm«, schrieb der lange in Göttingen lehrende Philosoph Günther Patzig. Wieso sollten sie auch? Zu viel interessierte ihn. Viel zu vieles löste Spott und Widerspruch und Kopfschütteln aus, Mokanterie hier, eine durchaus berechtigte pessimistisch grundierte Skepsis angesichts der Gattung *Homo sapiens* dort. Lichtenbergs Neugier war im Jahrhundert weltweiter Entdeckungen und Umwälzungen – vielleicht die reichste und geistig bewegteste, mit Sicherheit die intellektuell beweglichste Epoche, die Deutschland jemals erlebt hat, wie es der Polyhistor Friedell ausdrückte – buchstäblich global.

Er war Zeitgenosse von James Cook und von George Washington (wobei er die Revolte der überseeischen Kolonisten alles andere als guthieß), von Napoleon Bonaparte, Denis Diderot und Voltaire, von Mozart, Händel, Haydn und Gluck, von Goethe, Immanuel Kant und Carl von Linné, dem Schweden, der Flora und Fauna taxonomisch übersichtlich und bis heute gültig erfasste, von Kaiserin Maria Theresia und König Friedrich II. von Preußen und dem Weltreisenden Georg Forster (den Lichtenberg persönlich kannte) und von Elisabeth Vigée Le Brun, der Pariser Malerin, die im Herbst 1787 mit einem öffentlich gezeigten Porträt noch vor dem Sturm auf die Bastille eine Revolution in Paris und einen Proteststurm auslöste (man sah sie auf dem Bild, einem Doppelporträt von sich und ihrem Kind – lächeln; es war ein Lächeln, bei dem skandalöserweise die Zähne zu sehen waren). Das Rokoko blühte auf und ging wieder ein. Der Genfer Jean-Jacques Rousseau schrieb in einem Nebengebäude des Château de la Chevrette fünfzehn Kilometer nördlich von Paris mit *Julie oder Die neue Heloise* 1756 bis 1758 *den* Briefroman der Empfindsamkeit. Dreißig Jahre später reichte Dr. Joseph-Ignace Guillotin einen Antrag auf ein mechanisches Enthauptungsgerät ein, die nach ihm benannte Guillotine. Hegel, Hölderlin und Beethoven, der englische Romantiker William Wordsworth und der preußische Verwaltungsreformer Heinrich Friedrich Karl vom und zum Stein, die Berliner Salonière Rahel Varnhagen und der schottische Romancier Walter Scott waren alle Ende 20, als Lichtenberg im Februar 1799 starb, Franz Schubert war zwei, Heinrich Heine fünfzehn Monate jung.

Lichtenberg interessierte alles. Die Menschen. Die Welt; seine längsten Reisen führten ihn nach London. Sogar Osnabrück (weniger Jena, dem er ein etwas bösartiges Wortspiel widmete). Er war in einer, und zwar in *seiner* Person das ideale Welt-Publikum: regsam, beweglich, enorm aufgeschlossen, ausprobierend, geschäftig, universal interessiert. Lichtenbergs Neugier, beobachtete der selbst lebenslang Aphorismen schreibende Elias Canetti, war »durch nichts gebunden, sie springt von überall her, auf alles zu.« Denn: »Lichtenberg ist ein Floh mit dem Geist eines Menschen. Er hat diese unvergleichliche Kraft, von sich wegzuspringen.« Und der von Canetti enthusiastisch verehrte Karl Kraus (der mit seiner geologischen Metapher auf Goethes Sentenz anspielte, dass der Aphoristiker des 18. Jahrhunderts als »Wünschelrute« fungieren würde) meinte: »Lichtenberg gräbt tiefer als irgendeiner, aber er kommt nicht wieder hinauf. Er redet unter der Erde. Nur wer selbst tief gräbt, hört ihn.«

Lichtenberg stand nicht im Fokus. Er war ein Fokus, jedoch kein zerstörerisches, versengendes Brennglas. Friedell fand dafür ein geradezu zärtliches Bild – er nannte Lichtenberg ein »Prisma«, ein Prisma, »das das zuströmende Licht seiner Umgebung in die vielfältigsten Farbennuancen auseinanderlegt«. Die Welt in »tausend Heimlichkeiten, Abstrusitäten, Zacken und Zinken«. Sich selbst in tausend Heimlichkeiten, Abstrusitäten, Zacken und Zinken.

Die Selbstanalyse des eigenen fragilen Ichs, das zu Lichtenbergs Zeiten im Grunde weder so heißen konnte noch durfte, führte er hinreißend lebendig durch, mit Schärfe, die niemals ins Missliebige oder ins muffig Misanthropische absank, minutiös und mit großer Präzision. Dabei – und damit ist Lichtenberg seinen heute kaum mehr lesbaren, daher auch immer weniger gelesenen literarischen Zeitgenossen haushoch überlegen – hantierte er mit einfachstem Wortbesteck, mit bestechender Prägnanz und einer sprachlichen Durchsichtigkeit, die jeder neuen Lesegeneration ganz gegenwärtig erscheint und bei weitem nicht aus einem feudalen, sozial unerbittlichen Säkulum hinüberzukommen scheint, in dem die oben gut, wenn nicht wirklich lang lebten, und die unten mäßig bis elendiglich und noch kürzer. Lichtenberg fand für seine Aufzeichnungen eine ganz natürliche Sprache, fern eines stumpf materialistischen Rationalismus der Aufklärung, noch ferner der auftrumpfenden Kraftmeierei der um zehn Jahre jüngeren Stürmer und Dränger, und eine Galaxie entfernt von frömmelnden Pietisten oder gefühligen Werther-Verehrern. Lichtenberg war das umgekehrte Spiegelbild seiner Zeit. Egon Friedell fand hierfür starke Worte:

Er war die andere Hälfte, das Supplement seiner Zeit, und die Zeitgenossen dieser Gattung sind, sooft sie in der Geschichte auftreten, immer die denkwürdigsten und eigenartigsten und die einzigen, die ihr Zeitalter überdauern. Lichtenberg war der scharfe Schlagschatten, den das Licht der Aufklärung warf, und es ist eine der zahlreichen Absurditäten der Literaturhistorie, dass dieser Schatten länger und kräftiger sichtbar geblieben ist als jenes Licht.

Von der Literatur seiner Zeit unterscheidet sich Lichtenbergs Schreiben auffällig durch anderes. Der Konjunktiv taucht bei Lichtenberg überproportional häufig auf. Die entscheidende Instanz der Wahrheitsfindung, empirisch abgesichert durch kontrollierte und kontrollierbare Versuchsreihen, sollte nicht länger die Überlieferung sein, vielmehr der konkrete Mensch mit seinem natürlichen Erkenntnisvermögen. Das Geschlossene lief dem Möglichen zuwider. Und das Mögliche war ein Spiel, sich den Wahrheiten anzunähern. »Ähnlich wie ein Naturwissenschaftler Experimente plant und ihr Ergebnis prognostiziert, entwirft und erprobt Lichtenberg im Medium der Phantasie hypothetische Situationen« (Smail Rapic). Auch, nein: erst recht deshalb finden sich bei ihm immer wieder neue Umkreisungen bestimmter Konstellationen. Und deshalb lag es niemals in seiner Absicht, ein geschlossenes System zu konstruieren. Zu gut wusste er, dass solche Konstruktionen eben Fabrikationen sind, anders gesagt: reichlich lächerlich. Daher auch die zahllosen Verfehlungen und Verzweiflungen und Vorläufigkeiten, die ihm so zahlreich aus der ins Tintenfass getunkten Feder flossen. Eine alles ein für alle Mal erklärende

Welt-Anschauung war ihm suspekt. Er wollte Einsichten destillieren. Er wollte Beobachtungen sammeln. Grundlegende Skepsis ließ ihn nie los, Skepsis an sich, an seinem ihn zusehends im Stich lassenden Körper, an der Fragilität des Menschseins überhaupt, am Netz, das Menschen zwischen sich spinnen. Gerade das Offene lässt seine *Sudelbücher* so modern sein. Das Torsoartige erzeugt einen irritierenden Grad an Unbestimmtheit. Eben diese Unbestimmtheit spricht *jede* Leserin und *jeden* Leser von neuem, immer wieder von neuem an, weil Lichtenberg seinen Schreibansatz bis zum Äußersten zugespitzt hatte: Er schrieb ganz bewusst für *keinen* Leser.

Über den Königsberger Philosophen Immanuel Kant sagte Goethe einmal, wenn er dessen Schriften lese, so sei ihm zumute, »als trete er in ein helles Zimmer«. Bei Lichtenberg ist dies ein ganzer großer gewaltiger Blitz, jener der Erkenntnis und Selbsterkenntnis, des Ertapptseins und der Seelendurchleuchtung, der Ausleuchtung von Engen und Nöten, von Hoffnungen und Tröstungen.

Lichtenberg richtete seinen Strahl des Verstehens – mal vergnügt, mal missvergnügt, mal heiter, mal verdrossen, aber nie fundamental verdammend – auf die unablässig sich an jedem Tag erneuernde Komödie des Lebens mit ihren Irrungen, Wirrungen und Verwirrungen, auf Menschen voller Pedanterie, Eitelkeit, Blindheit, Geiz und Großherzigkeit, auf

Manuskriptseite aus den *Sudelbüchern*

Menschen mit wetterschiefen Charakterzügen und grotesken Ausdrucksbewegungen der Mimik, der Gestik, des Sprachklangs, auf Menschen mit ihren Lebensfiktionen und ihrer Todesunausweichlichkeit. Er teilte Urteile aus und kassierte Vorurteile. Er amüsierte sich über Moden und verzweifelte über noch kurzlebigere Verhaltensmodi. So nimmt es auch nicht wunder, dass für die Vorderseite des umfangreichen Katalogbandes, der die bis heute unerreicht größte Lichtenberg-Ausstellung begleitete – 1992 auf der Darmstädter Mathildenhöhe anlässlich der 250. Wiederkehr seines Geburtstags ausgerichtet –, die Aufnahme einer kosmischen, blitzähnlichen Explosion im All ausgewählt wurde. Lichtenbergs Wortexplosionen zünden mit all ihrem Vergnügen selbst extraterrestrisch.

1 »Wer ist da? Nur ich.
O das ist überflüssig genug.«

Menschliche Selbstbetrachtungen

Es gibt Gesichter in der Welt, wider die man schlechterdings nicht *Du* sagen kann.

Es gibt wenig Menschen, die ein gescheutes Gesicht machen können, wenn sie nach der Sonne sehen.

Das größte Glück in der Welt, um welches ich den Himmel täglich anflehe, ist: dass nur verständige und tugendhafte Menschen mir an Kräften und Kenntnissen überlegen sein mögen.

Er bewegte sich so langsam als wie ein Stunden-Zeiger unter einem Haufen von Sekunden-Zeigern.

Was ist der Mensch im Schlaf? Er ist eine bloße Pflanze; und also muss das Meisterstück der Schöpfung zuweilen eine Pflanze werden, um einige Stunden am Tage das Meisterstück der Schöpfung repräsentieren zu können.

Er schlief in seiner gewöhnlichen Untätigkeit einmal so lange auf der Fensterbank, dass ihm die Schwalben hinter die Ohren bauten.

Unter allen den Kuriositäten, die er in seinem Hause aufgehäuft hatte, war er selbst am Ende immer die größte.

Ein Mädchen, 150 Bücher, ein paar Freunde und ein Prospekt von etwa einer deutschen Meile im Durchmesser, war die Welt für ihn.

Eine allzu sanfte Bewegung ist gleichsam nur ein Kompliment, das man der Natur macht, wenn sie uns gebietet im Schweiße unser Brod zu essen.

Der Mensch hat einen unwiderstehlichen Trieb zu glauben man sähe ihn nicht wenn er nichts sieht.

Man muss sich die Menschen nach ihrer Art verbindlich machen nicht nach der unserigen.

Sie fühlen mit dem Kopf und denken mit dem Herzen.

Sollte wohl die Vernunft, oder vielleicht besser der Verstand, wenn er auf Endursachen gerät, besser daran sein als wenn er auf ein Diktat des Herzens gerät. Es ist ja noch eine große Frage wodurch wir am stärksten mit der uns umgebenden Welt verbunden sind, von Seiten des Herzens oder der Vernunft.

Aus der Narrheit der Menschen in Bedlam müsste sich mehr schließen lassen, was der Mensch ist, als man bisher getan hat.

Ich spreche wohl zuweilen in 8 Tagen kein Wort mit Ihnen, wenn ich um Sie zu sehen nur in eine andere Straße zu gehen hätte, aber kaum sind Sie eilf Meilen von mir weg, so fällt mir gleich etwas ein, das ich Ihnen sagen mögte.

Aus einem Brief an Heinrich Christian Boie,
22. Juli 1771

Den Sinn zu einem Brief mit der nächsten Post nachschicken (den Menschenverstand, besser als *Sinn*).

Es gibt manche Leute die nicht eher hören bis man ihnen die Ohren abschneidet.

Wie wenig Sie wissen müssen, was die Welt von Ihnen denkt!

Er hatte als eine Grund-Regel seines Tun und Lassens den Anti-Shaftesbury'schen Satz angenommen, sich nie mit sich selbst zu gemein zu machen, weil er wohl voraussah, dass die Folge eine Verachtung seiner selbst sein müsse.

Das Ding von dessen Augen und Ohren wir nichts und von dessen Nase und Kopfe wir nur sehr wenig sehen, kurz unser Körper.

Wenn es uns im Dunkeln beißt, so können wir gemeiniglich mit einer Nadelspitze die Stelle finden, was für einen gnauen Plan muss die Seele von ihrem Körper haben?

Wer in sich selbst verliebt ist, hat wenigstens bei seiner Liebe den Vorteil, dass er nicht viele Nebenbuhler erhalten wird.

Er trug die Livree des Hungers und des Elendes.

Wir, der Schwanz der Welt, wissen nicht, was der Kopf vorhat.

Der berühmte witzige Kopf Chamfort pflegte zu sagen: Ich habe drei Klassen von Freunden: Freunde, die mich lieben, Freunde, die sich nicht um mich bekümmern, und Freunde, die mich verabscheuen. Sehr wahr!

Ach, rief er bei dem Unfall aus, hätte ich doch diesen Morgen etwas angenehm Böses getan so wüsste ich doch weswegen ich jetzt leide!

Gott schuf den Menschen nach seinem Bilde, das heißt vermutlich der Mensch schuf Gott nach dem seinigen.

Die unterhaltendste Fläche auf der Erde für uns ist die vom menschlichen Gesicht.

Der Mensch ist nur da die Oberfläche der Erde zu bauen, den Bau und die Reparaturen, die mehr in die Tiefe gehen, behält sich die Natur selbst vor.

Es sind gewiss wenig Pflichten in der Welt so wichtig als die die Fortdauer des Menschen-Geschlechts zu befördern, und sich selbst zu erhalten, denn zu keiner werden wir durch so reizende Mittel gezogen, als zu diesen beiden.

Der Vater. Mein Töchterchen, du weißt, Salomon sagt: wenn dich die bösen Buben locken, so folge ihnen nicht.
Die Tochter. Aber, Papa, was muss ich dann tun, wenn mich die guten Buben locken?

Ach was wollten *wir* anfangen, sagte das Mädchen, wenn der liebe Gott nicht wäre.

Der Trieb unser Geschlecht fortzupflanzen hat noch eine Menge anderes Zeug fortgepflanzt.

Die Kinder werden so schlecht gemacht, man meint die Leute lernten es aus dem Zeichenbuch.

Ob es wohl möglich ist sich deutlichere Erkenntnis von einer gewissen Substanz zu erwerben, als man dadurch bekommt, dass man die Substanz von der die Rede ist selbst ausmacht? Wir wissen von unsrer

Seele wenig und sind sie selbst. Für wen gehört es denn sie zu kennen mehr als uns selbst, oder warum ist noch etwas in ihr da, das wir selbst nicht wissen? Dieser letztere Umstand ist dünkt mich ein sicherer Beweis, dass wir noch zu andern uns unbekannten Absichten dienen. Wäre es die einzige Bestimmung unseren Daseins, uns von unsern Nebensubstanzen kützeln oder quälen zu lassen, so sehe ich nicht ab, warum wir uns unbekannt bleiben mussten.

Nicht bloß wissen, sondern auch für die Nachwelt tun was die Vorwelt für uns getan hat, heißt ein Mensch sein.

Der vollkommenste Affe kann keinen Affen zeichnen, auch das kann nur der Mensch, aber auch nur der Mensch hält dieses zu können für einen Vorzug.

Er hat bloß Feinheit genug, sich verhasst zu machen, aber nicht genug, sich zu empfehlen.

Irren ist auch insofern *menschlich*, als die Tiere wenig oder gar nicht irren, wenigstens nur die klügsten unter ihnen.

Außer den Eigenschaften, die er mit allerlei Tieren gemein hatte, hatte er auch noch einige mit Thermometern, Hygrometern und Barometern gemein.

Der Mensch ist oft eben ein so unparteiischer Richter als er Thermometer ist. Er spricht von kalt und kälter und abscheulig kalt, wenn gar kein Wort davon wahr ist.

Es gibt Leute, die so wenig Herz haben etwas zu behaupten, dass sie sich nicht getrauen zu sagen, es wehe ein kalter Wind, so sehr sie ihn auch fühlen möchten, wenn sie nicht vorher gehört haben, dass es andre Leute gesagt haben.

Er urteilt nach dem jedesmaligen Aggregatzustand seiner Empfindungen.

Wenn auch das Gehen auf 2 Beinen dem Menschen nicht natürlich ist, so ist es doch gewiss eine Erfindung, die ihm Ehre macht.

So närrisch als es dem Krebse vorkommen muss, wenn er den Menschen vorwärts gehen sieht.

Wir machen noch immer den edelsten Gebrauch von unserer Zeit, so wie es allen Reisenden zukommt, denen die Besserung ihres Herzens und Verstandes wichtig ist, ich meine, wir essen Seefische, trinken englisches small Bier, sehen nach den Mädchen und schlafen.

Aus einem Brief an Christiane Dieterich, 9. Juni 1778

Unser Leben kann man mit einem Wintertag vergleichen, wir werden zwischen 12 und 1 des Nachts geboren, es wird 8 Uhr ehe es Tag wird, und vor 4 des Nachmittages wird es wieder dunkel, und um 12 sterben.

Ich habe mich zuweilen recht in mir selbst gefreut, wenn Leute, die Menschenkenner und Weltweise sein wollen, über mich geurteilt haben. Wie entsetzlich sie sich irren, der eine hielt mich für weit besser, und der andere für weit schlimmer als ich war, und das immer aus sehr feinen Gründen, wie er glaubte.

Er schliff immer an sich, und wurde am Ende stumpf, ehe er scharf war.

Je größer der Mann ist, desto strafbarer ist er, wenn er Fehler anderer ausplaudert, die er erkennt. Wenn Gott die Heimlichkeiten der Menschen bekannt machte, so könnte die Welt nicht bestehen. Es wäre, als wenn man die Gedanken anderer sehen könnte. Wohl dem Menschen, der keinen Ausplauderer hat, der ihm an Kenntnissen überlegen ist!

Der berühmte Geizhals John Elwes pflegte zu sagen: Wer *einen* Bedienten hält, dessen Arbeit wird ganz getan, wer zwei hält, nur halb, und wer drei hält muss sie selbst tun.

Man ist verloren wenn man zu *viel* Zeit bekömmt an sich zu denken, vorausgesetzt, dass man sich nicht als ein Objekt der Beobachtung, wie ein Präparat ansieht, sondern immer als alles was man jetzt ist. Man wird so viel Trauriges gewahr, dass über dem Anblick alle Lust verfliegt, es zu ordnen oder zusammenzuhalten.

Wenn zwei Personen, die sich jung gekannt haben, alt zusammenkommen, so müssen tausend Gefühle entstehn. Eines der unangenehmsten mag sein, dass sie nun sich in so manchem betrogen finden, was sie bei ihren Hoffnungsspielen ehmals als gewiss berechnet hatten.

Eine goldne Regel: Man muss die Menschen nicht nach ihren Meinungen beurteilen, sondern nach dem, was diese Meinungen aus ihnen machen.

Die gesundesten und schönsten, regelmäßigst gebauten Leute sind die, die sich alles gefallen lassen. Sobald einer ein Gebrechen hat, so hat er seine eigne Meinung.

Ich habe es sehr deutlich bemerkt: Ich habe oft die Meinung wenn ich liege und eine andere wenn ich stehe. Zumal wenn ich wenig gegessen habe und matt bin.

Heute vor 8 Tagen bin ich endlich nach einer sehr beschwerlichen Reise von 15 Tagen gesunder als ich vermutete hier in dieser ungeheurn Stadt (London) angelangt. Es ist unglaublich was die Menge von neuen Gegenständen, die ich nicht sogleich immer in meinem Kopf unterzubringen wusste, für eine Würkung auf mich gehabt hat. Ich vergaß immer über das letzte das erste völlig und lebe noch jetzo würklich in einer solchen Verwirrung, dass ich mich, da ich sonst mit kleinen Stadtneuigkeiten Bogen anfüllen könnte, in großer Verlegenheit befinde, aus London und aus dem Wust von Dingen die ich sagen könnte, so viel klar zu bekommen, als zu einem kleinen Brief nötig ist. Ich habe die See, etliche Kriegsschiffe von 74 Kanonen, den König von Engelland in seiner ganzen Herrlichkeit mit der Krone auf dem Haupt im Parlamentshaus, Westmünsters Abtei mit den berühmten Gräbern, die Pauls-Kirche, den Lord Mayor in einem großen Aufzug und unter dem Gedränge von vielen Tausenden, die alle huzza, God bless him, Wilkes and Liberty schrien, gesehen, und zwar alles in einer Woche. Euer Wohlgeboren werden mir gerne glauben, dass dieses alles auf einmal für eine so eingezogene Seele wie die meinige eben das sein muss, was für meinen Körper eine Woche von Doktorschmäusen und Hochzeitsfesten ohne Ruhe und ohne Schlaf sein würden.

Aus einem Brief an Christian Gottlob Heyne,
17. April 1770

Man muss nie den Menschen nach dem beurteilen, was er geschrieben hat, sondern nach dem, was er in Gesellschaft von Männern, die ihm gewachsen sind, *spricht*.

Werteste Madam,

Glücklich, lustig, obgleich unter ein paarmal hunderttausend Ohrfeigen in *ein Gesicht*, das wir aber nieman-
dem zu zeigen brauchen, sind wir diesen Morgen um
halb 4 Uhr im Harburg und um 12 des Mittags in
Hamburg glücklich angelangt. Weil uns die Ebbe
übereilte, so konnten wir nicht stracks nach Hamburg
hineinwandern, sondern wir mussten bis Altona hin-
unter segeln, da wir denn diese niedliche Stadt ganz
von außen beleuchteten, hierauf trieb uns die Flut wieder herauf nach Hamburg durch eine unzählige Menge von Schiffen, worunter einige lagen, die eben vom
Walfischfang zurückgekehrt waren und da lagen wie
Kirchen. Der Anblick ist und bleibt unbeschreiblich,
und ein schönes Mädchen mit ihrem Kopfzeug, das
eben vom Herzenfang zurückkehrt, ist nur eine Klei-
nigkeit dagegen. Nun logieren wir in der Kramer-
Compagnie, einem ganz netten Wirtshause, und Dieterich befindet sich wohl und fett, isst Fische, wie ein
Raubfisch, und ist ein herrlicher Kerl. In Hamburg hat
man noch den einfältigen Brauch auf Pfingsten fromm
zu tun, deswegen ist heute keine Komödie, morgen
keine, übermorgen auch nicht, auch künftigen Diens-
tag nicht, also erst künftigen Mittewochen werden wir
Mamsell Ackermann trippeln sehen, wo uns denn der
Himmel beistehen wird. Hier vor unserm Hause ist ein
Lärm, dass ich wahrhaftig nicht höre was ich schreibe.

Aus einem Brief an Christiane Dieterich, 6. Juni 1778

Mit einem Wort, ich lebe (wider meinen Willen, das ist das schlimmste) recht kurfürstlich und bin überzeugt, wenn ich einen Sommer so fort lebte, so könnte mein Geschmack vielleicht überstimmt werden und in eine ewige Dissonanz mit meinem Beutel geraten.

Aus einem Brief an Johann Christian Dieterich,
19. April 1770

Ich schreibe sonst nicht gerne vom Frauenzimmer und fast niemals tue ich es, es müsste denn das Frauenzimmer, von dem, oder der Mann, an den ich schreibe, etwas Außerordentliches sein. Nun befinde ich mich in einem Fall wo beides eintrifft, und deswegen will ich mich einmal recht müde vom Frauenzimmer schreiben. Sobald man den Fuß in Engelland setzt, (ich setze aber voraus, dass man noch etwas mehr hat als Füße) so fällt, dem Studenten sowohl als dem Philosophen und Buchhändler, sogleich in die Augen die außerordentliche Schönheit der Frauenzimmer und die Menge dieser Schönheiten, dieses nimmt immer je mehr und mehr zu, je näher man London kommt. Wer sich von dieser Seite nicht recht sicher weiß, für den weiß ich nur ein einziges Mittel: Er gehe sogleich mit dem nächsten Paketboot nach Holland zurück, da ist er sicher.

Aus einem Brief an Johann Christian Dieterich,
19. April 1770

Was das gute Mädchen sagte, aber nicht nötig hatte, das sage ich, wenn ich mit Damen rede, nicht, aber hätte es nötig. Es ist abscheulich, was ich für Zeug mache, wenn ich an ein Frauenzimmer schreiben soll, es ist, als wenn mir alle Knöpfe abgeschnitten wären.

Aus einem Brief an Johann Georg Forster,
18. Februar 1788

Du kannst nicht glauben, wie ich hier im Hause aufgenommen worden bin, ich wohne in einem Zimmer mit Fußteppichen und habe ein so großes und weiches Bette, dass man beinah ohne böse Gedanken sich nicht hineinwerfen kann, und heute ging ich einmal an der Küche vorbei und wollte ganz unschuldig auf den Feuerherd sehen, auf einmal stießen meine Augen auf ein paar andere so an, dass ich es würklich noch fühle, wahrlich ich wollte meinen Ellenbogen sechsmal dafür mit der empfindlichsten Spitze an den Ofen gestoßen haben als so was. Aber so wahr ich lebe, ich will *hier* absolut nichts ansehen als Sterne, nur fällt mir eben ein, dass der Teufel oft andrer Leute Augen durch seine satanische Verblendung ein solches Ansehen geben kann, dass einer schwüre, es wären Sterne.

Aus einem Brief an Johann Christian Dieterich,
29. Dezember 1771

Ich kenne die Miene der affektierten Aufmerksamkeit, es ist der niedrigste Grad von Zerstreuung.

Es ist eine alte Regel: Ein Unverschämter kann bescheiden aussehen, wenn er will, aber kein Bescheidener unverschämt.

Physiognomik ist also äußerst trüglich. Die wirkenden Leidenschaften haben zwar ihre Zeichen, und lassen oft merkliche Spuren zurück, das ist unleugbar, und daher rührt, das was die Physiognomik Wahres hat. Es ist aber auch dieses bei dem größten Teil des menschlichen Geschlechts so unsicher und schwankend, dass wir, wenn wir die Köpfe ohne Hut und Perücke, ohne Pflaster, Schminke, Schmarren, Kupfer, Finnen und Bewegung sähen, den Charakter mit ebenso vieler Sicherheit herauswürfeln, als aus den Zügen erraten würden. In den Bewegungen der Gesichtsmuskeln und der Augen liegt das meiste, jeder Mensch, der in der Welt lebt, lernt es finden; es lehren, heißt den Sand zählen wollen.

Die menschliche Haut ist ein Boden, worauf Haare wachsen; mich wundert's dass man noch kein Mittel ausfindig gemacht hat, ihn mit Wolle zu besäen, um die Leute zu scheren.

Von allem, was ich über Physiognomik geschrieben habe, wünschte ich bloß, dass zwei Bemerkungen auf die Nachwelt kämen. Es sind ganz einfältige Gedanken, und niemand wird mich darum beneiden. Der eine, dass ich die Ähnlichkeit zwischen Physiognomik und Prophetie erkannt habe; der andere, dass ich überzeugt gewesen bin, die Physiognomik werde in ihrem eigenen Fette ersticken.

Wenn ich sage, die Gleichung für manchen Herrn käme heraus, wenn ich in der Gleichung für seinen Bedienten verschiedene Eigenschaften = 0 setzte, so erhalte ich dadurch, wenn ich nur einen Bedienten recht kenne, zugleich einen Begriff von vielen Herrn, der noch den moralischen Nutzen hat, dass er uns die nahe Verwandtschaft von beiden sehr lebhaft zu erkennen gibt, und zeigt, wie alle Tage einer aus dem andern werden kann.

Es gibt eine Menge kleiner moralischer Falschheiten, die man übt, ohne zu glauben, dass es schädlich sei; so wie man etwa aus ähnlicher Gleichgültigkeit gegen seine Gesundheit Tabak raucht.

Ein Gelübde zu tun ist eine größere Sünde, als es zu brechen.

Lichtenberg, stehend. Mit einer Porträtskizze des Historikers
August Ludwig Schlözer, unbekannter Zeichner,
Bleistift auf Papier, 1793

11 »Jeder Mensch hat auch seine moralische backside«.

Über Tugend, Körperlichkeit und Schriftstellerei

Es ist gewiss ein sicheres Zeichen, dass man besser geworden ist, wenn man Schulden so gerne bezahlt, als man Geld annimmt.

Auch selbst den weisesten unter den Menschen sind die Leute, die Geld bringen, mehr willkommen, als die, die welches holen.

Es ist sonderbar, dass diejenigen Leute, die das Geld am liebsten haben und am besten zu Rate halten, gerne im Diminutivo davon sprechen. »Da kann ich doch meine 600 *Tälerchen* dabei verdienen« – »ein hübsches *Sümmchen*!« – Wer so sagt, schenkt nicht leicht ein halbes Tälerchen weg.

Ein Kerl, der einmal seine 100 000 Taler gestohlen hat, kann hernach ehrlich durch die Welt kommen.

Wenn die Menschen plötzlich tugendhaft würden, so müssten viele Tausende verhungern.

Es ist schon sehr arg, dass es so viel Ehre ist heutzutag etwas Falsches zu sagen.

Nicht die Lügen, sondern die sehr feinen *falschen* Bemerkungen sind es die [die] Läuterung der Wahrheit aufhalten.

Meine Aufwärterin ist für eine Hannöverische ziemlich schön, hat aber auch den Fehler, dass sie besser von hinten aussieht als von vornen, wovon das erste seinen Grund in der niedlichen Kleidung, und das letztere im Gesicht hat, ich sehe sie deswegen auch gemeiniglich erst an wenn sie hinausgeht.

Aus einem Brief an Johann Christian Dieterich,
5. März 1772

Alles wohlklingend und alles erlogen.

Jeder Mensch hat auch seine moralische backside, die er nicht ohne Not zeigt, und die er so lange als möglich mit den Hosen des guten Anstandes zudeckt.

Man hat heutzutage mehr Magister der Rechtschaffenheit als rechtschaffene Menschen.

Ich bin überzeugt, man liebt sich nicht bloß in andern, sondern hasst sich auch in andern.

S. war ein viel zu niederträchtiger Mensch, als dass es ihn lange hätte schmerzen sollen, bei irgendeiner einträglichen Gelegenheit einmal öffentlich dafür gehalten zu werden.

Neue Bäder heilen gut.

Das Außerordentlichste bei diesem Gedanken ist unstreitig dieses, dass, wenn er ihn eine halbe Minute später gehabt hätte, so hätte er ihn nach seinem Tode gehabt.

Der Tod ist eine unveränderliche Größe, allein der Schmerz ist eine veränderliche die unendlich wachsen kann.

Einer will sich ersäufen, allein sein großer Hund, der ihm nachgelaufen, apportiert ihn allemal wieder.

Lernen sich selbst zu prüfen und zu belehren, hat so viele Bequemlichkeit und ist nicht so gefährlich als sich selbst zu rasieren, jedermann sollte es in einem gewissen Alter lernen, aus Furcht irgendeinmal der Raub eines übelgeführten Schermessers zu werden.

Die meisten Leute halten die Augen zu, wenn sie rasiert werden. Es wäre ein Glück, wenn man die Ohren und andern Sinne so verschließen könnte, wie die Augen.

Dass wir unsere Augen so leicht, und unsere Ohren so schwer verschließen können, wenigstens nicht anders, als wenn wir unsere Hände davor bringen, zeigt unwidersprechlich, dass der Himmel mehr für die Erhaltung der Werkzeuge, als für das Vergnügen der Seele gesorgt hat. Doch sind die Ohren noch unsere besten Wächter im Schlafe. Was für eine Wohltat wäre es nicht, die Ohren so leicht verschließen und öffnen zu können, als die Augen!

Aus einer Menge von unordentlichen Strichen bildet man sich leicht eine Gegend, aber aus unordentlichen Tönen keine Musik.

Ein gewisser Freund den ich kannte pflegte seinen Leib in drei Etagen zu teilen, den Kopf, die Brust und den Unterleib, und er wünschte öfters, dass sich die Hausleute der obersten und der untersten Etage besser vertragen könnten.

Er hatte im Prügeln eine Art von Geschlechtstrieb, er prügelte nur seine Frau.

Was die wahre Freundschaft und noch mehr das glückliche Band der Ehe so entzückend macht, ist die Erweiterung seines *Ichs* und zwar über ein Feld hinaus, das sich im einzelnen Menschen durch keine Kunst in der Welt schaffen lässt.

Es ist zwar sehr wahr, dass die *meisten* Menschen, die keiner Liebe fähig sind, auch für die Freundschaft wenig taugen. Man sieht aber doch auch oft das Gegenteil.

Solange Hr. v. A. und das Fräulein v. B. *ungleichnamig* waren zogen sie sich wechselsweise, jetzt da sie vor dem Altar *gleichnamig* geworden sind, stoßen sie sich ab.

Sie ist zwar noch nicht verheiratet, hat aber promoviert.

Das glaube ich gar gerne, dass es Ihnen nicht mehr Überwindung gekostet hat mir Ihre Vermählung *nicht* zu melden, als jemanden ein Bein abzuschneiden, aber Sie müssen darum nichtsdestoweniger wissen, dass es mir sehr wehe getan hat! und hiermit Gott befohlen.

O nein! Das kann ich doch nicht, *so* Abschied nehmen. Empfangen Sie meine herzlichen Segenswünsche, teuerster Freund, zu Ihrem neuen Stande! Nun sind Sie ein Mann, denn wahrlich ich getraue nicht recht zu sagen, was man ist, wenn man nicht verheiratet ist – doch *ledig* ist ein herrliches Wort.

Aus einem Brief an Samuel Thomas Sömmerring,
27. Mai 1792

Eine Ehe ohne Würze *kleiner* Misshelligkeiten wäre fast so was wie ein Gedicht ohne R.

Man liest in der Geschichte, dass die Niedersachsen schon einmal nach Engelland haufenweis marschiert sind, man gibt sehr tiefsinnige politische Ursachen als den Grund davon an, man hat aber dieses gar nicht nötig, die guten Sachsen liefen von ihren Weibern weg.

Aus einem Brief an Johann Christian Dieterich,
19. April 1770

Leute, die nur so grade ins Ehebette steigen können wenn sie wollen, wissen nicht wie es andern geht, die das nicht können, zumal bei den jetzigen betrübten Zeiten, da alles fast nicht mehr zu bezahlen steht; diese Leute sollten also andern ihre kleinen Akzidenzen und Sporteln, die ohnehin selten genug fallen, nicht missgönnen und so zu reden ihnen das liebe Brot aus dem Mund nehmen. Ich sehe aber leider wieder an diesem Beispiel, dass gewisse Personen die alte Eva, die ihnen anklebt, auch nicht ersäufen können und sich nicht beklagen sollten, wenn wir den alten Adam zuweilen wieder ans Land schwimmen lassen.

Aus einem Brief an Christiane Dieterich, 2
8. Februar 1772

Woher mag wohl die entsetzliche Abneigung des Menschen herrühren, sich zu zeigen, wie er ist, in seiner Schlafkammer, wie in seinen geheimsten Gedanken? In der Körperwelt ist alles wechselseitig, das, was es sich sein kann, und zugleich sehr aufrichtig. Nach unsern Begriffen sind die Dinge gegeneinander alles Mögliche, was sie sein können, und der Mensch ist es nicht. Er scheint mehr *das zu sein*, was er nicht sein sollte. Die Kunst sich zu verbergen, oder der Widerwille, sich geistlich oder moralisch nackend sehen zu lassen, geht bis zum Erstaunen weit.

Er hatte außer Leib und Seele eine fast zolldicke Maske von Speck über sich gezogen, die die Bewegung seiner Gesichts-Muskeln so verhüllte, als der Körper bei anderen Leuten die Gedanken. Er konnte unter dieser Hülle lachen und Gesichter schneiden, ohne dass die Umstehenden das mindeste davon merkten.

A. Sie sind ja so fett geworden. B. Fett? A. Sie sind noch einmal so dick als sonst. B. Das ist die Arbeit der ermüdeten Natur, die nicht mehr Kraft hat etwas anders zu machen als *Fett*, das man allenfalls, ohne der Menschheit damit zu nahe zu treten, wegschneiden kann. Fett, Fett ist weder Geist noch Körper, sondern bloß, was die müde Natur liegen lässt, für mich so gut wie für das Gras auf dem Kirchhofe.

Die Suppe schmeckte so abscheulich, dass, um zu glauben, es sei auf eine Vergiftung abgesehen, man nur für nötig gehabt hätte, ein großer General oder ein König zu sein.

Ich bitte mir von Ihnen sowohl, als den verehrungswürdigen Fremden diesen Abend um 7 die Ehre auf meiner Gartenstube auf ein *kaltes* Butterbrot aus. Sie können versichert sein, ich nehme das Wort nicht in der Bedeutung unsrer Stadt, die unter Butterbrot alles Essbare in der Welt versteht, nur kein Butterbrot.

Aus einem Brief an Karl Friedrich Hindenburg,
Juni 1779

Jean Bell d'Antermony erzählt in seiner Reise nach Asien von den Tongusischen Tatarn, dass sie sich den Hunger vertrieben indem sie auf den Magen ein Brett legten und dann auch eines auf den Rücken und diese zusammenschnürten. Die Kutuchtu ihre Hohen Priester erklären die Erdbeben so; Gott habe nämlich die Erde auf einen großen gelben Frosch gesetzt und wenn dieser quäkte, so bebte die Erde. Hall. Zeitung.

Ein Kurfürst von Bayern musste einmal in Holland für Speck und Eier, wobei er seinen eigenen Wein noch trank 50 Dukaten bezahlen. Was Henker, fragte er den Wirt, sind denn hier die Eier so selten. Nein, antwortete er ganz trocken, die Eier nicht aber die Churfürsten.

Man hat so viele Anweisungen, den Wein recht zu bauen, und noch keine, ihn recht zu trinken.

Das Bier ist ein fließendes Brodt.

Es schadet bei manchen Untersuchungen nicht, sie erst bei einem Räuschchen durchzudenken und dabei aufzuschreiben; hernach aber alles bei kaltem Blute und ruhiger Überlegung zu vollenden. Eine kleine Erhebung durch Wein ist den Sprüngen der Erfindung und dem Ausdruck günstig; der Ordnung und Planmäßigkeit aber bloß die ruhige Vernunft.

Einige *kommen* auf einen Gedanken, andere *stoßen* darauf, andere *fallen* darauf, andere *verfallen* darauf (hier fehlt noch das zerfallen), auch *gerät* man darauf. Man sagt nicht, ich habe mich nach dem Gedanken *hin* begeben.

Was geht es dich an was der Grund dieser guten Tat bei diesem Manne gewesen sein mag? Wenn auch nicht Neid die Quelle der Tat gewesen ist, so kann es doch das Vergnügen, beneidet zu werden, sein.

Was die Spannung der Triebfedern in uns am meisten hemmt, ist andere Leute im Besitz des Ruhms zu sehen, von deren Unwürdigkeit man überzeugt ist.

So wie wir glauben, dass Dinge ohne unser Zutun außer uns vorgehen, so können auch die Vorstellungen davon ohne unser Zutun in uns vorgehen. Wir sind ja auch ohne unser Zutun geworden, was wir sind.

Die Gabe den Menschen ihre Heimlichkeiten sagen zu können ist es was man bei einem Schriftsteller oft Menschenkenntnis nennt.

Was man feine Menschenkenntnis nennt, ist meistens nichts als Reflexion, Zurückstrahlung eigener Schwachheiten von anderen.

Es ist wie die tägliche Erfahrung lehrt, sehr wenig Anstrengung nötig, etwas zu sagen, das eine ganz beträchtliche erfordert, es zu verstehen. Hingegen erfordert es außerordentlich viel Talent, einem vernünftigen Manne etwas Neues und Wichtiges so leicht vorzutragen, dass er sich freut, es jetzt zu wissen, und sich schämt, es nicht selbst bemerkt zu haben. Letzteres ist ein so charakteristisches Zeichen von einem großen Schriftsteller, dass wenige solcher Bemerkungen einen ganzen Band alltäglicher Dinge veredeln können.

Über nichts wird flüchtiger geurteilt, als über die Charaktere der Menschen, und doch sollte man in nichts behutsamer sein. Bei keiner Sache wartete man weniger das Ganze ab, das doch eigentlich den Charakter ausmacht, als hier. Ich habe immer gefunden, die sogenannten schlechten Leute gewinnen, wenn man sie genauer kennenlernt, und die guten verlieren.

Ich habe durch mein ganzes Leben gefunden, dass sich der Charakter eines Menschen aus nichts so sicher erkennen lässt, wenn alle Mittel fehlen, als aus einem Scherz, den er übelnimmt.

Er hatte gar keinen Charakter, sondern wenn er einen haben wollte, so musste er immer erst einen annehmen.

Er schreibt, dass selbst den Engeln der Verstand stille steht.

Der Schriftsteller, der nicht zuweilen einen Gedanken, worüber ein anderer Dissertationen geschrieben hätte, hinwerfen kann, unbekümmert ob ihn der Leser findet oder nicht, wird nie ein großer Schriftsteller werden.

Es sind zuverlässig in Deutschland mehr Schriftsteller, als alle vier Weltteile überhaupt zu ihrer Wohlfahrt nötig haben.

Wenn England eine vorzügliche Stärke in Rennpferden hat, so haben wir die unsrige in Renn*federn*. Ich habe welche gekannt, die mit einem einzigen Satz über die höchsten Hecken und breitesten Gräben der Kritik und gesunden Vernunft hinübersetzten, als wären es Strohhalmen.

Anderer Leute Wein auf Bouteillen ziehn, und sich dabei ein bisschen benebeln dass man glaubt er gehöre ihm. So etwas tun die meisten deutschen Schriftsteller.

Die Nachtigallen singen und wissen wohl dabei nicht, was für Lärm die Verliebten und Dichter aus ihren Gesängen machen und dass es eine Gesellschaft höherer Wesen gibt, die sich ganz mit Philomelen und ihren Klagen unterhalten. Vielleicht hält ein höheres Geschlecht von Geistern unsere Dichter wie wir die Nachtigallen und Kanarienvögel; ihr Gesang gefällt ihnen eben deswegen, weil sie keinen Verstand darin finden.

Es ist fast durchaus der Fehler unserer Schriftsteller, dass sie sich aus anderen Schriften bilden, und bloß zusammensetzen. Die Gradus ad Parnassum-Methode habe ich es genannt. Sie lesen nach, ehe sie über eine Sache nachgedacht haben, und so wird endlich ihre ganze Wissenschaft die Kenntnis dessen, was andere gewusst haben.

Es ist ein schlechter Lohn, wenn ein Junge, auf den man etwas verwandt hat, am Ende ein Poet wird. Ein Viertelstündchen Nachtmusik für einen jahrelangen Dienst. Eltern, die bemerken, dass ihr Junge ein Poet von Profession werden will, sollten ihn so lange peitschen, bis er das Versemachen aufgibt, oder bis er ein großer Dichter wird.

Man hat Nachtstühle, die wie aufeinandergelegte Folianten aussehen. Einige Schriftsteller scheinen Gefallen an der umgekehrten Methode zu finden und Bücher zu schreiben die sich wie Nachtstühle präsentieren.

Es ist schade, dass man bei Schriftstellern die gelehrten Eingeweide nicht sehen kann, um zu erforschen, was sie gegessen haben.

Der einzige Fehler, den die recht guten Schriften haben, ist der, dass sie gewöhnlich die Ursache von sehr vielen schlechten oder mittelmäßigen sind.

Ich mag immer den Mann mehr lieben, der so schreibt, wie es Mode werden kann, als den, der so schreibt, wie es Mode ist.

Schlechte Schriftsteller sind nach meinem Begriff diejenige, welche allerhand abgeschmackte Grillen und läppische Einfälle, die Ihnen eigen sind und deren Torheit alle Leute die nur ihre 3 Sinne haben begreifen können in einer albernen scheußlichen Schreibart, so verworren und undeutlich vortragen, dass man mit Hände[n] greifen kann dass sie nicht recht unter dem Hut verwahrt sind und dass sie selbst nicht wissen was sie haben wollen.

Das viele Lesen hat uns eine gelehrte Barbarei zugezogen.

Durch unser vieles Lesen gewöhnen wir uns nicht allein Dinge für wahr zu halten, die es nicht sind, sondern unsere Beweise bekommen auch eine Form, die oft nicht sowohl die Natur der Sache mit sich bringt, als unser unvermerkter Anhang an die Mode. Wir beweisen aus den Alten, was wir mit Beispielen aus unserm Ort ebenso kräftig unterstützen könnten; auch werden Sentenzen zitiert, die nichts beweisen, und Sätze, aus denen man nichts Neues lernt. Es ist sehr schwer, eine Sache neu anzusehen, nicht durch das Medium der Mode, oder mit Rücksicht auf unser Modesystem. Es wird immer Ansehen gebraucht, wo man Gründe brauchen sollte, immer geschreckt, wo man belehren sollte, und Götter werden zu Hülfe genommen, wo Menschen hinreichend wären.

Es gibt wirklich sehr viele Menschen, die bloß lesen, damit sie nicht denken dürfen.

Es ist sehr gut, die von andern hundertmal gelesenen Bücher immer noch einmal zu lesen, denn obgleich das Objekt einerlei bleibt, so ist doch das Subjekt verschieden.

An *Werthern* gefällt mir das Lesen *seines* Homers nicht. Es ist subtile Prahlerei, dass der Mann etwas Griechisches lesen konnte, während andere Leute etwas Deutsches lesen müssen. Dass deutsche Schriftsteller so oft ihre Helden mit einem Griechen in der Hand spazieren lassen, ist deutsche Prahlerei, Zeitungs- und Journalenleserei. Literärisches Verdienst ist in Deutschland leider der Maßstab von wahrem Wert geworden, weil Schulfüchse den Thron des Geschmacks usurpieren. Anstatt einen Helden immer in *seinem* Homer lesen zu lassen, wollte ich ihn lieber in das Buch sehen lassen, aus dem Homer selbst lernte; das wir ganz ohne Varianten, ohne Dialekte vor uns haben. Es ist von diesen tiefen Kennern des Geschmacks gar nicht schön, dass sie eine Kopie studieren, während sie das Original vor sich haben.

Er las immer Agamemnon statt »angenommen«, so sehr hatte er den Homer gelesen.

Die Deutschen lesen zu viel. Darüber, dass sie nichts zum zweiten Mal erfinden wollen, lernen sie alles so ansehen, wie es ihre Vorfahren angesehen haben. Der zweite Fehler ist aber gewiss schlimmer als der erste.

Als Schriftsteller und Weltweiser muss Ihnen bekannt sein, dass Denken und Schreiben zweierlei ist; und dass das eine ohne das andere sehr gut bestehen kann. Ebenso ist es nun auch mit dem *an* einen Denken und *an* einen Schreiben.

Aus einem Brief an Georg Heinrich Hollenberg,
18. Januar 1779

Bei vielen Menschen ist das Verse-Machen eine Entwicklungs-Krankheit des menschlichen Geistes.

Er schickte mir ein sehr schlecht gedrucktes und geschriebenes Trostgedicht, grade als wenn man Tränen mit Löschpapier trocknen könnte.

Unser ganzer Leib ist gleichsam mit Seele durchwürkt.

Leib und Seele ein Pferd neben einen Ochsen gespannt.

Man sagte einem Menschen die Seele sei ein Punkt, worauf er antwortete, warum kein Semikolon, so hätte sie einen Schwanz.

Eine einzige Seele war für seinen Leib zu wenig, er hätte zwoen zu tun geben können.

Ist es nicht eine sonderbare Situation, in der sich die Seele befindet, wenn sie [eine] Untersuchung über ihr eigenes Selbst liest; also in Büchern sucht was sie selbst wohl sein möchte?

Wenn der Mensch seinen Körper ändern könnte wie seine Kleider, was würde da aus ihm werden, oder wenn aus den Kleidungsstücken der Frauenzimmer immer das würde, was sie sich statt derselben hätten kaufen sollen.

Wenn man Mitleid fühlt, so fragt man nicht erst andere Leute ob man es fühlen soll.

An H. – – – – – –
In dein Betragen Welt,
In deinen Beutel Geld,
Witz unter deinen Hut,
Feuer in dein Blut,
Ist der Wunsch nicht gut?

Aus den Neujahrswünschen,
Dezember 1772

Im Deutschen reimt sich *Geld* auf *Welt*; es ist kaum möglich, dass es einen vernünftigern Reim gebe; ich biete allen Sprachen Trotz!

Dass Sie an Ihrem Kanal zu Quakenbrück nur des Sonntags graben können, tut mir herzlich leid. Ich kenne diese Situationen. Haben Sie außerdem dabei Ursache eifersichtig zu sein, so ist gar der Teufel los, lieber sich einmal die Hochzeit zu Kanaan am Ofen auf den bloßen Arsch gebrannt, als lange so gesessen. Die Haare fallen einem aus, die Nägel wachsen nicht mehr, man hat beständige Diarrhoen, kurz es ist eine wahre geistische Schwerenot.

Aus einem Brief an Georg Heinrich Hollenberg,
25. Mai 1783

Georg Christoph Lichtenberg, Silhouette nach rechts,
undatiert (ca. 1777)

III »Es tun mir viele Sachen weh, die andern nur leidtun.«

Über Vernunft, Menschenverstand und Einfalt

Sagt, ist noch ein Land außer Deutschland, wo man die Nase eher rümpfen lernt als putzen?

Warum gibt sich nicht leicht irgendjemand, der es nicht ist, für einen Deutschen aus, sondern gemeiniglich, wenn er sich für etwas ausgeben will, für einen Franzosen oder Engländer? Das ist in dieser Welt ausgemacht. Aber das sind Hasenfüße. Gut, aber warum gibt es keine Hasenfüße unter andern Nationen, die sich für Deutsche ausgeben? Es ist seltsam. Es ist ein Irrtum. Aber Irrtum von Nationen, wer will ihn richten? Es werden Kriege geführt über Ursachen, die im gemeinen Leben den Galgen verdienen. Aber wer will richten?

Wenn man von Leuten, die schon für jene Welt gepackt haben, sagt: Sie stehen mit einem Fuß im Grab, so kann ich jetzo sagen, da ich für Osnabrück gepackt habe, dass ich mit einem Fuß in der Chaise stehe, um dahin abzureisen.

Aus einem Brief an Johann Christian Dieterich,
21. Juli 1772

Jena und Gomorrha.

Was muss es auf ein Volk für einen Einfluss haben wenn es keine fremde Sprachen lernt? Vermutlich etwas Ähnliches von dem, den eine gänzliche Entfernung von aller Gesellschaft auf einen einzelnen Menschen hat.

Nichts muntert mich mehr auf, als wenn ich etwas Schweres verstanden habe, und doch suche ich so wenig Schweres verstehen zu lernen. Ich sollte es öfter versuchen.

Bemühe dich, nicht unter deiner Zeit zu sein.

Um über gewisse Gegenstände mit Dreistigkeit zu schreiben, ist fast notwendig, dass man nicht viel davon versteht.

Wenn die Neger-Bedienten in Westindien Punsch mischen, so fragen sie vorher: For drunk or for dry? So etwas könnte man auch bei politischen Disputen fragen: Sollen wir mit Gefühlen oder mit Vernunft disputieren, for drunk or for dry?

Es kommt nicht darauf an, ob die Sonne in eines Monarchen Staaten nicht untergeht, wie sich Spanien ehedem rühmte; sondern was sie während ihres Laufes in diesen Staaten zu sehen bekommt.

Es ist ein großer Rednerkunstgriff, die Leute zuweilen bloß zu überreden, wo man sie überzeugen könnte; sie halten sich alsdann oft dafür überzeugt, wo man sie bloß überreden kann.

Es sind immer gefährliche Zeiten, wo der Mensch sehr lebhaft erkennt, wie wichtig er ist, und was er vermag. Es ist immer gut, wenn er in Rücksicht auf seine politischen Rechte, Kräfte und Anlagen ein bisschen schläft, so wie die Pferde nicht bei jeder Gelegenheit Gebrauch von ihren Kräften machen dürfen.

Zu überzeugen ist der Pöbel nicht, oder sehr selten. Durch listige Lenkung seines Aberglaubens kann er doch noch zuweilen zu guten Handlungen gebracht werden.

Ich glaube, ich habe Dir vergessen zu erzählen, dass mir und dem jüngsten Adams die Flinten vorigen Herbst bei Geismar sollten genommen werden, ich hielt aber für ratsamer, mein Maul, das ich mit Drohungen, Vorstellungen, Schmeicheleien und Versicherungen geladen hatte, loszulassen als meine Flinte, ich ließ los und traf den Kerl, so recht wo die Natur den Jägern das schwache Fleckgen hingelegt hat, dass der Kerl seinen Hut am Ende abnahm und sich empfahl.

Aus einem Brief an Johann Christian Dieterich und Frau,
7. März 1772

Er vernünftelte mich ganz aus meiner Vernunft heraus.

Es ist ja doch nun einmal nicht anders: Die meisten Menschen leben mehr nach der Mode als nach der Vernunft.

Ich glaube, es ist ein großer Unterschied zwischen *Vernunft lehren* und *vernünftig sein.* Es kann Leute geben, die nichts weniger als eigentlich gesunden Verstand besitzen, und doch vortrefflich über die Regeln nachdenken, die er befolgen muss; so wie ein Physiologe den Bau des Körpers kennen, und selbst sehr ungesund sein kann. Die großen Analysten des menschlichen Kopfs waren nicht immer die Praktisch-Vernünftigen. Ich rede hier nicht von Moral, sondern von Logik.

Aufschieben heißt, seinem Gehirne eine größere Extension zu geben.

Ein gutes Mittel, gesunden Menschenverstand zu erlangen, ist ein beständiges Bestreben nach deutlichen Begriffen, und zwar nicht bloß aus Beschreibungen anderer, sondern so viel möglich durch eigenes Anschauen. Man muss die Sachen oft in der Absicht ansehen, etwas daran zu finden, was andere noch nicht gesehen haben; von jedem Wort muss man sich wenigstens einmal eine Erklärung gemacht haben, und keines brauchen, das man nicht versteht.

Die Geistlichen machen einen Lärm, wenn sie einen Mann sehen, der frei denkt, wie Hennen, die unter ihren Jungen ein Entchen haben, welches in das Wasser geht. Sie bedenken nicht, dass Leute in diesem Elemente ebenso sicher leben, als sie im Trocknen.

Eine herrliche Ehre heutzutage überzeugt zu sein, dass man nichts weiß.

Seine eigene Figur lacht ihn aus.

Wenn einmal jemand dem größten Schelm in Deutschland 100 000 Louisdor vermachte, wie viele Prätendenten zur Erbschaft würden sich nicht finden!

Der Mensch scheint eine Kreatur zu sein, die sehr zur abgeänderten Witterung gemacht zu sein scheint, weil er unter der Linie und an den Polen dumm ist.

Die edle Einfalt in den Werken der Natur hat nur gar zu oft ihren Grund in der edeln Kurzsichtigkeit dessen, der sie beobachtet.

Es ist ein Glück, dass die Gedanken-Leerheit keine solche Folge hat, wie die Luftleerheit, sonst würden manche Köpfe, die sich an die Lesung von Werken wagen, die sie nicht verstehen, zusammengedrückt werden.

Um uns ein Glück, das uns gleichgültig scheint, recht fühlbar zu machen müssen wir immer denken, dass es verloren sei, und dass wir es diesen Augenblick wiedererhielten, es gehört aber etwas Erfahrung in allerlei Leiden dazu um diese Versuche glücklich anzustellen.

Wo Mäßigung ein Fehler ist, da ist Gleichgültigkeit ein Verbrechen.

Heutzutage machen drei Pointen und eine Lüge einen Schriftsteller.

Er fiel sich selbst ins Wort.

Seine Bücher waren alle sehr nett, sie hatten auch sonst wenig zu tun.

Der Mann machte sehr viel Wind. B. O nein! wenn es noch Wind gewesen wäre, es war aber mehr ein wehendes Vakuum.

Bei dem ist Hopfen und Malz verloren. B. Das setzt voraus, dass es mit ihm auf Bier angelegt gewesen wäre. Das ist es aber nicht. Es war alles Wassersuppe.

Verbrannte Bücher lasse ich wohl gelten, aber verbrannte Braten!!

Wer dieses nicht einsieht, muss entweder eine schlechte Erziehung genossen, oder irgendeinmal einen Schlag an den Kopf bekommen [haben], wodurch die Brücke zwischen diesem Satz und dem Beifall eingestürzt ist.

Wenn man nur die Kinder dahin erziehen könnte, dass ihnen alles Undeutliche völlig unverständlich wäre.

Wenn das Ungefähr nicht mit seiner geschickten Hand in unser Erziehungswesen hineinarbeitete, was würde aus unserer Welt geworden sein?

Von dem Erziehungsbuche bis zum Erziehungsbesen.

Das Buch, das in der Welt am ersten verboten zu werden verdiente, wäre ein Katalogus von verbotenen Büchern.

Ein Mann der sehr viel schreibt und wenig Neues sagt schreibt sich täglich wieder herunter. Als er noch wenig geschrieben hatte obgleich auch nichts darinnen war, stand er doch in der Meinung der Menschen höher. Die Ursache ist weil sie damals künftig noch bessere Sachen erwarteten; im andern Fall können sie die ganze Progression übersehen.

Bei manchem Werk eines berühmten Mannes mögte ich lieber lesen was er weggestrichen hat, als was er hat stehen lassen.

… Wenn ich einen Brief von Ihnen bekomme, so ist es immer, als wenn mein ganzes Gedanken-System ein neuer Hauch belebte, ich gehe in meinen Stuben von Westen nach Osten und dann von Norden nach Süden spazieren, singe, pfeife, baue manches nette Schlösschen in die – Luft und lasse mir eine Bouteille englisches Bier holen und erhöhe die Luftschlösser noch um ein paar Etagen pp.

Aus einem Brief an Samuel Thomas Sömmerring,
2. Juni 1786

Ich weiß nicht, ob ich Dir viel schreiben werde, aber gern werde ich von Dir lesen, lass Dich durch mein Stillschweigen nicht abhalten. Bei den Briefen ist das Kriegen angenehmer als das Machen.

Aus einem Brief an Johann Christian Dieterich,
26. August 1772

Gnade! Gnade, liebster Herr Gevatter, versprechen Sie mir die, so sollen Sie meine Verteidigung künftig hören. Sein Sie versichert, Dietrich verdient Strafe und ich Barmherzigkeit, er sollte statt meiner schreiben und hat es nicht getan. Ich wollte nicht eher an Sie schreiben, bis ich meine Laune wiedergefunden hätte, allein, es scheint, als wenn diese ganz von mir gewichen wäre, und ich bin schon öfters willens gewesen, mich für epistolarisch insolvent erklären zu lassen. Ich weiß nicht, was das ist, allein eine große Veränderung habe ich erlitten, seitdem Sie mich nicht gesehen haben, ich erinnere mich mit Entzückung unsers Sommer-Umgangs, ich rede von Ihnen, und träume von Ihnen, allein wenn ich schreiben will – – was das für eine Impotenz dann ist, das kann ich Ihnen nicht beschreiben, eigentlich ist es Vorgefühl von Unmöglichkeit alles so darzustellen, wie es würklich sein müsste um mich gänzlich unschuldig zu finden. Wir wollen also ein paar Bogen aus dem Schuldbuch herausreißen, so bekomme ich Mut künftig fortzufahren, oder eigentlich anzufangen.

Aus einem Brief an Johann Gottwert Müller,
1. Januar 1784

Wertester Freund!
Ob ich gleich überzeugt bin, dass Sie wissen wie viel Hochachtung und Liebe ich für Sie habe, so kann ich doch nicht leugnen, dass ich zuweilen wünsche, Sie mögten mich einmal sehen, wenn ich einen Brief von Ihnen erhalte. Wenn ich eine Halsbinde an habe, so mache ich sie los, ebenso mit den Strumpfbändern, werfe gewöhnlich noch eine Schaufel voll Steinkohlen in den Ofen, rücke meinen Stuhl mit dem großen Küssen davor, und dann fange ich an zu lesen, und das mit einer solchen Andacht und einer solchen gänzlichen Vergessung alles dessen was um mich ist, dass es mich, glaube ich, gleich wenig interessieren würde, ob der Wind oder Uranie an dem Fenster zappelte, zwo Dinge, die sich grade so verhalten wie nichts zu etwas. Ich habe auch ein Mittel Ihre Briefe drei- oder gar viermal länger zu machen, als Sie selbst zu tun Zeit und Geduld haben, ich fange, wenn ich am Ende bin, immer wieder von vornen an.

Aus einem Brief an Joel Paul Kaltenhofer,
27. November 1772

Ein guter Ausdruck ist so viel wert als ein guter Gedanke, weil es fast unmöglich ist sich gut auszudrücken ohne das Ausgedrückte von einer guten Seite zu zeigen.

Eine halb neue Erfindung mit einem ganz neuen Namen.

Es ist kein übler Gedanke, so wie Pegel oder der Marquis von Worcester Erfindungen zu erzählen, die man nie gemacht hat, wenn witzige Leute so etwas tun, so können sie würklich Gutes stiften, denn erstlich wissen manche Leute nicht, worauf sie ihre Gedanken wenden sollen, und dann gibt ihnen der Gedanke, dass die Sache schon erfunden gewesen, desto mehr Mut.

Alle Erfindungen gehören dem Zufall zu, die eine näher die andre weiter vom Ende, sonst könnten sich vernünftige Leute hinsetzen und Erfindungen machen so wie man Briefe schreibt. Der Witz hascht näher oder ferner vom Ende eine Ähnlichkeit, und der Verstand prüft sie und findet sie richtig, *das ist Erfindung*.

Was mir an der Art, Geschichte zu behandeln, nicht gefällt, ist, dass man in allen Handlungen Absichten sieht, und alle Vorfälle aus Absichten herleitet. Das ist aber wahrlich ganz falsch. Die größten Begebenheiten ereignen sich ohne alle Absicht; der Zufall macht Fehler gut, und erweitert das klügst angelegte Unternehmen. Die großen Begebenheiten in der Welt werden nicht gemacht, sondern finden sich.

Wenn jemand alle glücklichen Einfälle seines Lebens dicht zusammensammelte, so würde ein gutes Werk daraus werden. Jedermann ist wenigstens des Jahrs einmal ein Genie. Die eigentlich sogenannten Genies haben nur die guten Einfälle dichter. Man sieht also, wie viel darauf ankommt, alles aufzuschreiben.

Ein großes Genie wird selten seine *Entdeckungen* auf der Bahn anderer machen. Wenn es Sachen entdeckt, so entdeckt es auch gewöhnlich die Mittel dazu.

Das ist eine Arbeit wobei sich glaube ich die Gedult selbst die Haare ausrisse.

Mit eben flickgewordener Einbildungskraft arbeitet er sich von einer Hecke zur andern und von einem Häufgen zum andern.

Es ist allezeit betrübt für mich wenn ich bedenke, dass man in der Untersuchung mancher Dinge zu weit gehen kann, ich meine, dass sie unserer Glückseligkeit nachteilig werden können. Eine Probe habe ich darin an mir. Ich wünsche ich wäre in meinen Bemühungen das menschliche Herz kennenzulernen minder glücklich gewesen.

Durch die Schlüssel-Löcher des Herzens sehen.

Die glücklichen Zeiten des Lebens, da man noch nicht denkt, wie alt man ist, noch kein Buch hält über die Haushaltung des Lebens.

Wenn man jung ist, so weiß man kaum dass man lebt. Das Gefühl von Gesundheit erwirbt man sich nur durch Krankheit.

In meinem sechsundvierzigsten Jahre fing ich an, die längsten und kürzesten Tage des Jahrs mit einer Art von Interesse zu beobachten, das gewiss die Frucht dieses Alters war. Alle Merkmale der Vergänglichkeit bei Dingen außer mir, waren mir *Meilenanzeiger* meines eigenen Lebens. Und selbst die höhere Weisheit (wie ich sie in diesen Jahren zu nennen beliebe), alles dieses zu bemerken, wurde verdächtig.

Wenn die Erinnerung an die Jugend nicht wäre, so würde man das Alter nicht verspüren, nur, dass man das nicht mehr zu tun vermag, was man ehmals vermochte, macht die Krankheit aus. Denn der Alte ist gewiss ein ebenso vollkommnes Geschöpf in seiner Art als der Jüngling.

In ältern Jahren nichts mehr lernen *können*, hängt mit dem in ältern Jahren sich nicht mehr befehlen lassen wollen zusammen, und zwar sehr genau.

Wenn der Mensch, nachdem er 100 Jahre alt geworden, wieder umgewendet werden könnte, wie eine Sanduhr, und so wieder jünger würde, immer mit der gewöhnlichen Gefahr, zu sterben; wie würde es da in der Welt aussehen?

Meine Gesundheits-Umstände sind bisher nicht die besten gewesen, und ich fürchte, wenn es so fortgeht,

so werde ich unsrer Familie wohl ein Geschenk mit
etwas machen, das sie bisher noch nicht gehabt hat,
nämlich mit dem Podagra. Sobald ich der Sache gewiss bin, so denke ich mich adeln zu lassen, denn hier
zu Lande hat niemand das Podagra, der nicht Exzel-
lenz wäre.

Aus einem Brief an Friedrich August Lichtenberg,
29. März 1783

Wenn die Menschen sagen, sie wollen nichts geschenkt haben, so ist es gemeiniglich ein Zeichen,
dass sie etwas geschenkt haben wollen.

Benvenuto *Cellini* macht die vortreffliche Bemerkung: Schaden mache nicht klug, weil der neue sich
immer unter einer verschiedenen Form ankündige.
Dieses kenne ich recht aus eigner Erfahrung.

Die Neigung der Menschen, kleine Dinge für wichtig zu halten, hat sehr viel Großes hervorgebracht.

Alle Objecta werden durch das Mikroskop vergrößert, aber kein Winkel kann dadurch vergrößert werden.

Beim Schall gibt es nichts was dem Schwarzen bei den Farben korrespondiert. Die Todesstille könnte man schwarz nennen. Die Pause ist schwarz.

Ein physikalischer Versuch der knallt ist allemal mehr wert als ein stiller, man kann also den Himmel nicht genug bitten, [dass] wenn er einen etwas will erfinden lassen es etwas sein möge das knallt; es schallt in die Ewigkeit.

Nach einem dreißigjährigen Krieg mit sich selbst kam es endlich zu einem Vergleich, aber die Zeit war verloren.

Es ist sehr traurig, dass das Bestreben der Menschen Übel zu vermindern so viel neues erzeugt. Man scheint gewöhnlich die Kraft besser zu kennen, als den Stoff, auf welchen sie angewandt wird.

Man rühmt sich im Alter noch einer Empfindsamkeit der Jugend, die man nie besessen hat. So entschuldigt sogar das Alter die Jugendsünden, und verbessert jene Zeiten durch Nachhelfen.

Den Esel macht seine Ähnlichkeit mit dem Pferde nur desto lächerlicher, aber das Pferd wird nicht lächerlich durch den Esel.

IV »Das *Ja* mit dem Kopfschütteln,
und das *Nein* mit dem Kopfnicken«.

Über Furcht, Irrwitz und Freiheit

Furcht, sagt Lukrez, hat die Götter geschaffen, aber
wer schuf diese allmächtige Furcht?

Er glaubte nicht allein keine Gespenster, sondern er
fürchtete sich nicht einmal davor.

In einem Lande, wo den Leuten, wenn sie verliebt
sind, die Augen im Dunkeln leuchteten, brauchte
man des Abends keine Laternen.

Wird man wohl vor Scham rot im Dunkeln? Dass
man vor Schrecken im Dunkeln bleich wird, glaube
ich, aber das Erstere nicht. Denn bleich wird man
seiner selbst, rot seiner selbst und anderer wegen. –
Die Frage, ob Frauenzimmer im Dunkeln rot werden, ist eine sehr schwere Frage; wenigstens eine, die
sich nicht bei Licht ausmachen lässt.

Ich habe so entsetzlich zu tun, um Frau und Kindern Brot zu schaffen, dass ich manchmal so wenig weiß, wo mein Kopf steht, als wo Frau und Kinder sind.

Aus einem Brief an Friedrich August Lichtenberg,
27. September 1784

Dieses Mal habe ich Ihnen durch meinen Bedienten sagen lassen, dass ich nicht zu Hause wäre, nach dem Billet aber, das Sie mir deswegen geschrieben haben, werde ich bei dem nächsten Besuch, womit Sie mich beehren werden, die Ehre haben es Ihnen auf der Treppe selbst zu sagen.

Der Geldgeiz der beim Ehrgeiz steht, verdiente allemal ein besseres Wort.

Es gibt Leute, die glauben, alles wäre vernünftig, was man mit einem ernsthaften Gesicht tut.

Das *Ja* mit dem Kopfschütteln, und das *Nein* mit dem Kopfnicken wird einem sehr schwer, bekommt aber doch nachher eine eigene Bedeutung, wenn man es kann.

So wie es vielsilbige Wörter gibt, die sehr wenig sagen, so gibt es auch einsilbige von unendlicher Bedeutung.

Wo alle Leute so früh als möglich kommen wollen, da muss notwendig bei weitem der größere Teil zu spät kommen.

Man kann würklich nicht wissen ob man nicht jetzt im Tollhaus sitzt.

Schwerpunkt. Wenn man den gemeinschaftlichen Schwerpunkt der Häuser in einer Stadt suchte, und hernach den gemeinschaftlichen Mittelpunkt der Wichtigkeit der Leute, die darinnen wohnen, so würden sie oft weit voneinander liegend angetroffen werden.

So sagt man jemand bekleide ein Amt, wenn er von dem Amt bekleidet wird.

Ein Messer ohne Klinge, an welchem der Stiel fehlt.

Es regnete so stark, dass alle Schweine rein und alle Menschen dreckig wurden.

Die Fliege, die nicht geklappt sein will, setzt sich am sichersten auf die Klappe selbst.

Es hatten sich eben ein paar Fliegen in meinem Ohr gepaart.

Er wunderte sich, dass den Katzen gerade an der Stelle zwei Löcher in den Pelz geschnitten wären, wo sie die Augen hätten.

Warum schielen die Tiere nicht? Dies ist auch ein Vorzug der menschlichen Natur.

Wir müssen glauben, dass alles eine Ursache habe, so wie die Spinne ihr Netz spinnt, um Fliegen zu fangen. Sie tut dieses, ehe sie weiß, dass es Fliegen in der Welt gibt.

Eher kannst du einen Tropfen Wasser wiederfinden, der sich im Luftmeer verloren hat.

Da liegen nun die Kartoffeln, und schlafen ihrer Auferstehung entgegen.

Eine Repetier-Sonnenuhr von Silber.

Bei den Sonnenuhren steht der Schatten still und die Uhren drehen sich.

Eine Sonnenuhr an einen Reisewagen zu schrauben.

Riechen wie viel Uhr es ist, eine besondere Uhr.

Wenn die Menschen nicht nach den Uhren gehen, so fangen endlich die Uhren an nach den Menschen zu gehen.

Eine Schraube ohne Anfang.

A. Warum unterstützen Sie Ihren Schwiegervater nicht? B. Warum? A. Er ist ein armer Mann. B. Aber fleißig und ich habe nicht Geld genug ihn zum Faulenzer zu machen.

Ein Fisch der in der Luft ertrunken war.

Ich habe Leute gekannt, die haben heimlich getrunken und sind öffentlich besoffen gewesen.

Es waren eigentlich nur 2 Personen in der Welt, die er mit Wärme liebte, die eine war jedes Mal sein größter Schmeichler, und die andere war er selbst.

Ich denke wenn man etwas in die Luft bauen will, so sind es immer besser Schlösser als Kartenhäuser.

Man wirft oft den Großen vor, dass sie sehr viel Gutes hätten tun können, das sie nicht getan haben. Sie könnten antworten: Bedenkt einmal das Böse das wir hätten tun können und *nicht* getan haben.

Wenn Heiraten Frieden stiften können, so sollte man den Großen die Vielweiberei erlauben.

Wie herrlich würde es nicht um die Welt stehen, wenn die großen Herrn den Frieden wie eine Maitresse liebten, sie haben für ihre Person zu wenig vom Kriege zu fürchten.

Die Polizei-Anstalten in einer gewissen Stadt lassen sich füglich mit den Klappermühlen auf den Kirschen-Bäumen vergleichen. Sie stehen stille wenn das Klappern am nötigsten wäre, und machen einen fürchterlichen Lärm, wenn wegen des heftigen Windes gar kein Sperling kömmt.

Wenn am Ende das Glück des ganzen Geschlechts in einer ...*kratie* besteht, wovon wir das erste Wort der Zusammensetzung gar nicht kennen, und das man nach Gebrauch der Mathematiker etwa durch x° kratie bezeichnen könnte, wer will dieses x bestimmen? Ein Freund las *Christo*kratie, und aus dem Innersten meiner Seele gesprochen, ich habe gegen diesen Wert von x nichts einzuwenden, wenn man nur erst über die Bedeutung des Worts *Christus* recht eins wäre, oder die so deutliche Bedeutung nicht mutwillig verkennen wollte. Es ist aber zu fürchten, dass auch dieses Verständnis nur durch Reformationsrevolutionen und dreißigjährige Kriege wird bewirkt werden können.

Je größer und weitaussehender der Plan ist in den eine Revolution hineingehört, desto mehr Leiden verursacht sie denen die darin begriffen sind, indem es nicht jedermanns Sache ist selbst wenn er es übersieht, sich durch den Verstand mit Gedult zu stärken, und dieses umso weniger, je ungewisser es ist, ob er noch die Früchte davon genießen werde.

Wir wollen nun sehen, was aus der französischen Republik wird, wenn die Gesetze aus*geschlafen* haben.

Was die wahre Freiheit und den wahren Gebrauch derselben am deutlichsten charakterisiert, ist der Missbrauch derselben.

In jedes Menschen Charakter sitzt etwas, das sich nicht brechen lässt – *das Knochengebäude des Charakters*; und dieses ändern wollen, heißt immer, ein Schaf das Apportieren lehren.

Der Geist der Freiheit und was davon sein Leben hat, erfordert, was man auch darwider einwenden mag, guten Wiesenwachs. Man kann es, anderer Beweise zu geschweigen, schon allein aus dem Umstand schließen, dass man heutzutage kaum sagen kann welches besser schmeckt, holländische, schweizerische und englische Freiheit, oder holländische, schweizerische und englische Käse.

Die Menschen versprechen sich jetzt so viel von Amerika und dessen politischem Zustande, dass man sagen könnte, die Wünsche, wenigstens die heimlichen, aller aufgeklärten Europäer hätten eine *westliche Abweichung*, wie unsere Magnetnadeln.

Man muss keinem Menschen trauen, der bei seinen Versicherungen die Hand auf das Herz legt.

Die Linien der Humanität und Urbanität fallen nicht zusammen.

Wo ich nicht sehr irre, so sind die Zeiten da Europa die Systeme so von den Deutschen nehmen musste, wie das Gewürz von den Holländern, ihrem Ende sehr nahe oder vorbei. Ein Teil unsrer Landsleute ist jetzt in den allgemeinen kritischen Aufstand und in das Rezensieren omnium contra omnes so verflochten, dass er nicht hört, und der andere hat seine Augen in Empfindsamkeit so geschlossen, dass er nicht sieht, was um ihn vorgeht.

Ich gehe oft, wenn ein Bekannter vorbeigeht, vom Fenster weg, nicht sowohl um ihm die Mühe einer Verbeugung, als vielmehr mir die Verlegenheit zu ersparen zu sehen, dass er mir keine macht.

Wenn noch ein Messias geboren würde, so könnte er kaum so viel Gutes stiften, als die Buchdruckerei.

Es hatte die Würkung, die gemeiniglich gute Bücher haben. Es machte die Einfältigen einfältiger, die Klugen klüger und die übrigen Tausenden blieben ungeändert.

Was der große Dummkopf in einem Buch sagt, würde erträglich sein, wenn er es in 3 Worte bringen könnte.

Jedes Männchen von Gedanken fand sein Weibchen. Oder die Ideen in seinem Kopf müssen entweder lauter Männchen oder lauter Weibchen gewesen sein. Denn es hat sich nie ein neuer erzeugt.

So wie Linné im Tierreiche könnte man im Reiche der Ideen auch eine Klasse machen die man Chaos nennte. Dahin gehören nicht sowohl die großen Gedanken von allgemeiner Schwere, Fixstern-Staub mit sonnenbepuderten Räumen des unermesslichen Ganzen, sondern die kleinen Infusions-Ideechen, die sich mit ihren Schwänzchen an alles anhängen, und oft im Samen der Größten leben, und deren jeder Mensch wenn er still sitzt [eine] Million durch seinen Kopf fahren sieht.

Die meisten ⟨Menschen⟩ haben selten mehr Licht im Kopf als grade nötig ist zu sehen, dass sie nichts darin haben.

Die eine Seite seines Gehirns war weit härter und älter als die linke, und das gab seinen Gedanken das Sonderbare, er hatte oft Gedanken, die gar nicht wie Gedanken aussahen.

Gegen den großen und starken Körper selbst eines Dummkopfs, wird immer der kleine des größesten Geistes, und sonach der große Geist selbst verächtlich erscheinen, wenigstens für den größesten Teil der Welt, und das so lange Menschen Menschen sind. Den großen Geist im kleinen Körper vorzuziehn ist Überlegung, und zu *der* erheben sich die wenigsten Menschen. Bei einem Viehmarkt sind immer die Augen auf den größesten und fettesten Ochsen gerichtet.

Indem ich jetzt die Feder ansetze fühle ich mich so voll, meinem Gegenstand so gewachsen, sehe mein Buch in dem Keim so deutlich vor mir, dass ich es fast versuchen mögte mit einem einzigen Wort auszusprechen.

Das Wort Schwierigkeit muss gar nicht für einen Menschen von Geist als existent gedacht werden. Weg damit!

Nichts setzt dem Fortgang der Wissenschaft mehr Hindernis entgegen als wenn man zu wissen glaubt, was man noch nicht weiß. In diesen Fehler fallen gewöhnlich die schwärmerischen Erfinder von Hypothesen.

Eine seltsamere Ware, als *Bücher*, gibt es wohl schwerlich in der Welt. Von Leuten gedruckt, die sie nicht verstehen; von Leuten verkauft, die sie nicht verstehen; gebunden, rezensiert und gelesen von Leuten, die sie nicht verstehen; und nun gar geschrieben von Leuten, die sie nicht verstehen.

Wenn ein Buch und ein Kopf zusammenstoßen und es klingt hohl, ist das allemal im Buch?

Man sollte die Bücher immer desto kleiner drucken lassen, je weniger Geist sie enthalten.

Wie könnte wohl der Artikel: *Druckfehler* in einem Enzyklopädischen Wörter-Buch durch Beispiel und Lehre am besten erklärt werden?

Heute war ich den ganzen Tag sehr melancholisch, habe aber einmal entsetzlich über einen Druckfehler gelacht; in einem Buch, das ich zur Zerstreuung in die Hand nahm, stund statt der Morgengeruch einer Rose, der *Morgengeruch einer Nase*. Ich glaube, ich kann allzeit lachen, ob freilich zu einer Zeit mehr und stärkere lachenmachende Materie nötig ist dieses zu bewerkstelligen.

Aus einem Brief an Joel Paul Kaltenhofer,
27. November 1772

Ich vergesse das meiste was ich gelesen habe, so wie das, was ich gegessen habe, ich weiß aber so viel, beides trägt nichtsdestoweniger zu Erhaltung meines Geistes und meines Leibes bei.

Ein Baum gibt nicht bloß Schatten für jeden Wanderer, sondern die Blätter vertragen auch noch das Mikroskop. Ein Buch, das dem Weltweisen gefällt, kann deswegen auch noch dem Pöbel gefallen. Der letzte braucht nicht alles zu sehen; aber es muss da sein, wenn etwa jemand kommen sollte, der das scharfe Gesicht hätte.

Mehrere Ähnlichkeiten zwischen den Tages- und den Jahrszeiten aufzusuchen! Hat nicht jeder Tag seinen April?

Man frage sich selbst, ob man sich die kleinsten Sachen erklären kann, dieses ist das einzige Mittel sich ein rechtes System zu formieren, seine Kräfte zu erforschen, und seine Lektüre sich nützlich zu machen.

Da trifft recht ein, was Butler von einem schlechten Kritiker sagt, wenn er keine Fehler findet, so macht er einen.

Die Netze der Kritiker, womit sie nach Fehlern in Werken fischen, sollten von so weiten Maschen sein, dass sie Fehler von einer gewissen Größe durchließen, und nicht alles auffingen.

Ich sehe die Rezensionen als eine Art von Kinderkrankheiten an, die die neugebornen Bücher mehr oder weniger befällt. Man hat Exempel, dass die gesündesten daran sterben, und die schwächlichen oft durchkommen. Manche bekommen sie gar nicht. Man hat häufig versucht, ihnen durch Amulette von Vorrede und Dedikation vorzubeugen oder sie gar durch eigene Urteile zu inokulieren, es hilft aber nicht immer.

Ein Buch ist ein Spiegel, wenn ein Affe hineinguckt, so kann freilich kein Apostel heraussehen.

Ob ich gleich weiß, dass sehr viele Rezensenten die Bücher nicht lesen die sie so musterhaft rezensieren, so sehe ich doch nicht ein was es schaden kann, wenn man das Buch lieset, das man rezensieren soll.

»Die Antwort wird verbeten« – was man so häufig unter die Trauerbriefe setzt, wäre unter den Rezensionen recht schicklich.

Unter die größten Entdeckungen, auf die der menschliche Verstand in den neuesten Zeiten gefallen ist, gehört meiner Meinung nach wohl die Kunst, Bücher zu beurteilen, ohne sie gelesen zu haben.

Wenn man sich einmal einen Gedanken eines andern ein wenig zu Nutze macht, so schreien alle Rezensenten: *Halt den Dieb*. Dieses kommt mir vor, als wie, wenn sich ein Knabe hinten auf eine Kutsche setzt, so rufen alle anderen, die die Freude nicht haben können, dem Kutscher zu: Es sitzt einer hinten auf.

Die Bibliotheken werden endlich Städte werden sagt Leibniz.

Der eine hat eine falsche Rechtschreibung und der andere eine rechte Falschschreibung.

Man muss zuweilen trinken um den Ideen, die in eines Gehirn liegen, und den Falten mehr Geschmeidigkeit zu geben, und die alten Falten wieder hervorzurufen.

Nichts kann mehr zu einer Seelen-Ruhe beitragen, als wenn man gar keine Meinung hat.

Du fragst mich Freund welches besser ist, von einem bösen Gewissen genagt zu werden oder ganz ruhig am Galgen zu hängen?

Es ist eine Schande, die meisten unserer Wörter sind missbrauchte Werkzeuge, die oft noch nach dem Schmutz riechen, in dem sie die vorigen Besitzer entweihten. Ich will mit neuen arbeiten, oder ohne so viel Luft dazu zu brauchen, als ein Sommervogel aussumst, nur mit mir selbst in alle Ewigkeit sprechen.

Wir sehen in der Natur nicht Wörter sondern immer nur Anfangsbuchstaben von Wörtern, und wenn wir alsdann lesen wollen, so finden wir, dass die neuen sogenannten Wörter wiederum bloß Anfangsbuchstaben, von andern sind.

Wörter die recht herumgezerrt worden sind, [dazu] gehören unstreitig die Wörter Butterbrod, Philosophie, Laune.

Es kann nicht alles ganz richtig sein in der Welt weil die Menschen noch mit Betrügereien regiert werden müssen.

Er speiste so herrlich, dass 100 Menschen ihr: *tägliches Brod gib uns heut* davon hätte erfüllt werden können.

Der Rheinwein ist der beste, in welchen der Rhein und die Mosel gar nicht geflossen ist.

Der Mann hat recht, sollte man sagen, aber nicht nach den Gesetzen, die man sich in der Welt einstimmig auferlegt hat.

Einen schlechten Geschmack kann niemand haben, aber gar keinen haben manche Leute.

Von dem seltsamen Geschmacke der Menschen zeugt auch dieses, dass bei belagerten Städten Leute sowohl heraus- als hineindesertieren.

Je näher wir einem Gegenstand in der Natur kommen, desto unbegreiflich[er] wird er, das Sandkorn ist gewiss das nicht wofür ich es ansehe.

So wie ein Taubstummer lesen und Sprachen lernt, so können wir auch Dinge tun deren Umfang wir nicht kennen, und Absichten erfüllen, die wir nicht wissen. Er spricht für einen Sinn, den er selbst nicht hat.

Das Sprachrohr und der Mund

Man würde dich gewiss nicht auf fünfhundert Schritte hören, sagte das Sprachrohr zum Munde, wenn ich nicht den Schall zusammenhielte.

Und dich würde man nirgends hören, versetzte der Mund, wenn ich nicht spräche.

Grade das Gegenteil tun ist auch eine Nachahmung, und die Definitionen der Nachahmung müssten von Rechts wegen beides unter sich begreifen.

Ein langes Glück verliert schon bloß durch seine Dauer.

Sich der unvermuteten Vorfälle im Leben so zu seinem Vorteil zu bedienen wissen, dass die Leute glauben man habe sie vorhergesehen und gewünscht, heißt oft Glück und macht den Mann in der Welt.

Wie glücklich würde mancher leben, wenn er sich um anderer Leute Sachen so wenig bekümmerte, als um seine eigenen.

Sich recht anschauend vorzustellen zu lernen, dass niemand vollkommen glücklich ist, ist vielleicht der nächste Weg vollkommen glücklich zu werden.

Weil er seine eigenen Pflichten immer vernachlässigte, so behielt er Zeit genug übrig, zu sehen, wer von seinen Mitbürgern seine Pflichten vernachlässigte, und es der Obrigkeit anzuzeigen.

Es ist wahr, alle Menschen schieben auf, und bereuen den Aufschub. Ich glaube aber, auch der Tätigste findet so viel zu bereuen, als der Faulste; denn wer mehr tut, sieht auch mehr und deutlicher, was hätte getan werden können.

Außer der *Zeit* gibt es noch ein anderes Mittel große Veränderungen hervorzubringen und das ist die – *Gewalt*. Wenn die eine zu langsam geht, so tut die andere öfters die Sache vorher.

Kirchtürme, umgekehrte Trichter, das Gebet in den Himmel zu leiten.

Dass in den Kirchen gepredigt wird macht deswegen die Blitzableiter auf ihnen nicht unnötig.

Man wäscht am Gründonnerstag 12 Männern oder Weibern die Füße, und dafür das ganze Jahr hindurch allen übrigen Untertanen die Köpfe.

Wenn jemand der den Grund davon nicht anzugeben wüsste auf einmal übersehn könnte, wie alle unsere Kirchen senkrecht auf der Richtung der Magnet-Nadel stehen, so würde er vielleicht auf artige Hypothesen verfallen.

Wer sagt, ich bin ein hitziger Kopf, wenn ich anfange, ist ein gutes Lamm; und der fromme Schwärmer, der jeden Augenblick ausruft, ich bin ein schwaches Werkzeug, würde sich unversöhnlich beleidigt glauben, wenn man ihm antwortete: Das haben wir längst gedacht.

Gott ist, sagte er, eine Kugel, deren Mittelpunkt überall und Oberfläche nirgends ist.

Es wäre eine Frage ob die bloße Vernunft ohne das Herz je auf einen Gott verfallen wäre. Nachdem ihm das Herz (die Furcht) erkannt hatte suchte ihn die Vernunft auch, so wie Bürger die Gespenster.

Keine Erfindung ist wohl dem Menschen leichter geworden, als die eines Himmels.

Das *respice finem* ist einer weit fruchtbarern Erklärung fähig, als man ihm gewöhnlich gibt. Der Mensch, der den Himmel erfunden hat, rechnet aufs Künftige. Wer bei jeder Handlung den Einfluss bedenkt, den sie auf sein Künftiges haben kann, und sie nicht unternimmt, wenn sie ihm nicht im Künftigen Vorteil bringt, wird gewiss glücklich leben. Alle großen Leute haben bloß des Künftigen wegen das Gegenwärtige unternommen, und schlechte Menschen haben immer, wie die Tiere, bloß das Gegenwärtige vor Augen; ja sie erniedrigen sich unter die Tiere, weil diese aus Instinkt manches fürs Künftige tun, und also die Natur gewissermaßen ihre Beseelung über sich nimmt.

Was den Weg zum Himmel betrifft, so mögen wohl, auf und ab, Religionen gleich gut sein, allein der Weg auf der Erde, das ist der Henker.

Was ist für ein Unterschied zwischen einem Pastor und einem Arzt?

Antwort: Der Pastor baut den Acker Gottes, und der Arzt den Gottesacker.

Den Menschen so zu machen, wie ihn die Religion haben will, gleicht dem Unternehmen der Stoiker; es ist nur eine andere Stufe des Unmöglichen.

Lord Shaftesbury sprach einmal mit einem Freunde über Religion. In derselben Stube befand sich ein Frauenzimmer, die sich, um die Unterredung nicht zu stören, mit ihrer Arbeit in einen entfernten Winkel gesetzt hatte. Shaftesbury sagte: Verschiedenheit der Meinungen in Religionssachen, fänden sich nur unter Menschen von mittelmäßigen Fähigkeiten und Kenntnissen; Leute von Geist hätten durchaus nur Eine *Religion*. Und was ist das für eine, Mylord, fragte das Frauenzimmer, begierig auffahrend. *Das sagen Leute von Geist nicht*, war die Antwort.

Die Religion eine Sonntags-Affäre.

Aber der Mensch der an drei Stellen lebt, im Vergangnen, im Gegenwärtigen und [in] der Zukunft, kann unglücklich sein, wenn eine von diesen dreien nichts taugt. Die Religion hat sogar noch eine vierte hinzugefügt, die – Ewigkeit.

Wenn ich je eine Predigt drucken lasse, so ist es *über das Vermögen Gutes zu tun*, das jeder besitzt. Der Henker hole unser Dasein hienieden, wenn nur der Kaiser Gutes tun könnte. Jeder ist ein Kaiser in seiner Lage.

Hier habe ich nicht einmal einen Hund zu dem ich sagen kann *Du?* (ich muss dieses so ganz abgerissen hinschreiben, um mein Herz etwas zu erleichtern, das mir soeben über einem gewissen Gedanken anschwoll). Einen Papagei wollte ich mir heute kaufen, aber der Kerl forderte 6 Louisdor, das Tier wäre gerne bei mir geblieben. Ich will mir es sehr gerne einen Louisdor des Monats kosten lassen und mir jemand mieten den ich duzen kann, der sich in die Backe kneipen lässt und sonst aus einer feinen Erde gemacht ist. Wenn ich nicht bald hierzu tue, so merke ich schon was es geben wird, ich werde des Tages 4mal in der Bibel lesen, gelbe Ringe um die Augen bekommen und meine Briefe mit: *Dero Geehrtes habe erhalten, wenn Dieselben noch wohl sind* pp anfangen.

Aus einem Brief an Johann Christian Dieterich,
21 März 1772

So wie es Tiere gibt, die mit dem Schwanze greifen, so gibt es auch welche, die mit der Hand schwänzeln.

Es wäre wohl der Mühe wert ein Leben doppelt oder dreifach zu beschreiben, einmal wie ein allzu warmer Freund, dann wie es [ein] Feind, und dann wie es die Wahrheit selbst schreiben würde.

Das Rauchen im Dunkeln ist würklich eine angenehme Beschäftigung, und wenn man sonst wohl ist, so denke ich, kommt es unmittelbar nach dem Küssen im Dunkeln, also gute Nacht –

Aus einem Brief an Johann Christian Dieterich und Frau,
17. März 1772

Der Tod des guten Leibmedikus ist mir würklich nahgegangen, auch bloß seiner Frau und Kinder wegen, denn selbst sterben kann so übel nicht sein, denke ich jetzt, da es nebelt und regnet und ich böse Augen habe.

Aus einem Brief an Johann Christian Dieterich und Frau,
19. März 1772

Unser ehrlicher, alter, eiserner Wagenmeister, ein Mann von ganz eignem Charakter, der auch deswegen das Glück gehabt hat silhouettiert zu werden, hat sich auf den Postwagen gesetzt, der nach der Ewigkeit hier jetzt fast täglich abgeht, und ist würklich

gestern früh abgefahren. Es sollte würklich kein Post-
horn in Deutschland blasen, diese ganzen 4 Wochen.

Aus einem Brief an Johann Andreas Schernhagen,
18. Juli 1782

Zu den jährlichen Sterbelisten sollten noch folgende
Rubriken hinzukommen: In den Himmel sind ge-
kommen 33; zum Teufel sind gefahren 777; zweifel-
haft 883. Mit solchen Zetteln könnten die Theologen
sich Geld verdienen.

Wäre es nicht gut, die Theologie etwa mit dem Jahr
1800 für geschlossen anzunehmen und den Theologen zu verbieten, fernere Entdeckungen zu machen?

Die Haare stehen einem zu Berge, wenn man bedenkt: Was für Zeit und Mühe auf die Erklärung
der Bibel gewendet worden ist. Wahrscheinlich ein
Million Oktav-Bände jeder so stark als einer der
allg[emeinen]. d[eutschen]. Biblioth. Und was wird
am Ende der Preis dieser Bemühungen nach Jahr-
hunderten oder -tausenden sein? Gewiss kein anderer als der: Die Bibel ist ein Buch von Menschen geschrieben, wie alle Bücher. Von Menschen die etwas
anderes waren als wir, weil sie in etwas andern Zeiten
lebten; etwas simpler in manchen Stücken waren als

wie wir, dafür aber auch sehr viel unwissender; dass sie also ein Buch sei worin manches Wahre und manches Falsche, manches Gute und manches Schlechte enthalten ist. Je mehr eine Erklärung die Bibel zu einem ganz gewöhnlichen Buche macht, desto besser ist sie, alles das würde auch schon längst geschehen sein, wenn nicht unsere Erziehung, unsere unbändige Leichtgläubigkeit und die gegenwärtige Lage der Sache entgegen wären.

Diejenige Gemüts-Krankheit bei mir, die ein Brief von Ihnen nicht augenblicklich heilen sollte, müsste sehr tief sitzen. Vorgestern hatte ich wieder die deutlichste Probe davon. Ja länger als ¾ Stunden vorher, als ich Ihren Brief erhielt, und noch in dem Augenblick, da er mir in die Hand gegeben wurde, hatte ich meinen Kopf dem Stadtgraben gegenüber von meinen beiden Ellenbogen tragen lassen, um den Paroxysmus (denn ich war würklich gemütskrank) in dieser Stellung ganz zu überstehen. Aber sowie ich Ihre Hand erblickte, konnte auch mein Kopf schon wieder allein stehn und bekam seine Kraft zu hoffen wieder, nach und nach sowie ich immer las, lächelte ich schon wieder, dann lachte ich gar einmal, meine burlesken Vorstellungen stellten sich wieder ein, und ich war gesund.

Aus einem Brief an Christiane Dieterich, 12. Juni 1772

Den Grund anzugeben von den wunderbaren Empfindungen die verschiedene Leute verspüren, wenn sie sehen dass man mit einem scharfen Messer tode Kohlen schneidet, oder Kohlen kauet, oder mit einem scharfen Messer an einem rauen Stein zu schneiden anfängt.

Harlequin will sich selbst ermorden, und nachdem er gegen jede Todesart etwas einzuwenden findet, entschließt er sich endlich, sich tod zu kitzeln.

v »Es ist eine Frage, welches schwerer ist,
zu denken oder nicht zu denken.«

Über Glauben, Unmögliches und Irrtümer

Ich sagte bei mir selbst: *das kann ich unmöglich glauben*, und während dem Sagen merkte ich, dass ich's schon zum zweiten Mal geglaubt hatte.

Es gibt Leute, die können alles glauben, was sie wollen; das sind glückliche Geschöpfe!

Es ist doch nichts als eine bloße Verwechselung vom *Mein* und *Dein* bei beiden, beim ehrlichen Manne sowohl, als bei dem Spitzbuben. Der eine sieht jenes an, als wäre es dieses, und der andere hält dieses für jenes.

Jeder Gedanke ist an sich was, der falsche so gut als der wahre. Der falsche ist nur Unkraut, das wir in unserer Haushaltung nicht gebrauchen können.

Man kann nicht leicht über zu vielerlei denken, aber man kann über zu vielerlei lesen. Über je mehrere Gegenstände ich denke, das heißt, sie mit meinen Erfahrungen und meinem Gedankensystem in Verbindung zu bringen suche, desto mehr Kraft gewinne ich. Mit dem Lesen ist es umgekehrt: Ich breite mich aus, ohne mich zu stärken. Merke ich bei meinem Denken Lücken, die ich nicht ausfüllen, und Schwierigkeiten, die ich nicht überwinden kann, so muss ich nachschlagen und lesen. Entweder dieses ist das Mittel, ein brauchbarer Mann zu werden, oder es gibt gar keines.

Magister Schulz spannte öfters über seinen Rock, der keine 4 Taler kostete, einen Regenschirm, der 6 unter Brüdern wert war.

Wenn er seinen Verstand gebrauchen sollte, so war es ihm, als wenn jemand, der beständig seine rechte Hand gebraucht hat, etwas mit der linken tun soll.

Mit größerer Majestät hat noch nie ein Verstand stillgestanden.

Es ist doch sonderbar, dass das, was die Menschen im Genie vortrefflich nennen, so selten ist. *Ein* Shakespeare, *Ein* Newton, *Ein* Franklin usw. Warum sind dieser Menschen so wenige, da es doch Gott gleich leicht war, den Dummkopf und das Genie zu schaffen? Ich weiß keine andere Antwort, als dass das Genie allezeit eingeschränkt ist und es nötiger war, Menschen zu haben, die zu allem, als die zu Einem Dinge taugen.

Es gibt heutzutage so viele Genies, dass man recht froh sein soll, wenn einem einmal der Himmel ein Kind beschert, das keines ist.

Früher Unterricht gewährt eine Zeitlang den Anschein des Genies, erhält sich aber nicht. Die Stillstände erfolgen bald früher bald später.

Ich glaube man würde immer blühen wie die Jugend, wenn man immer so sorglos sein könnte, oder macht, umgekehrt, die Blüte sorglos?

Selbst unsere häufigen Irrtümer haben den Nutzen, dass sie uns am Ende gewöhnen zu glauben, alles könne anders sein, als wir es uns vorstellen.

Neue Irrtümer zu erfinden.

Es ist in vielen Dingen eine schlimme Sache um die Gewohnheit. Sie macht, dass man Unrecht für Recht, und Irrtum für Wahrheit hält.

Ein großer Fehler bei meinem Studieren in der Jugend war, dass ich den Plan zum Gebäude zu groß anlegte. Die Folge war, dass ich die obere Etage nicht ausbauen konnte, ja ich konnte nicht einmal das Dach zubringen. Am Ende sah ich mich genötigt, mich mit ein paar Dachstübchen zu begnügen, die ich so ziemlich ausbaute, aber verhindern konnte ich doch nicht, dass es mir bei schlimmem Wetter nicht hineinregnete. So geht es gar manchen!

Da saß nun der große Mann, und sah seinen jungen Katzen zu.

Die Ideen in meinem Kopf des Nachts gehen mehr wie Ratzen und Mäuse umher, ich musste mich erst an sie gewöhnen ehe ich einschlafen konnte.

Dieser Gedanke arbeitete immer in seinem Gewissen wie eine Toden-Uhr. Im Gewühl der Geschäfte und des Umgangs unhörbar, aber in der Stille der Nacht hörte ihm die ganze Seele zu.

Das Sorgenschränkchen, das Allerheiligste der innersten Seelen-Ökonomie, das nur des Nachts geöffnet wird. Jedermann hat das seinige.

Man kann, was einer erfindet, immer ansehen als hätte er es verloren, es ist nur so zu reden verlegt in seinem Kopf, wer nichts in seinem Kopf verloren hat kann nichts finden.

Man muss nie denken, dieser Satz ist mir zu schwer, der gehört für die großen Gelehrten, ich will mich mit den andern hier beschäftigen, dieses ist eine Schwachheit die leicht in eine völlige Untätigkeit ausarten kann. Man muss sich für nichts zu gering halten.

Das ganze Knochengebäude unserer Denkungsart und unsers Glaubens wird formiert aus unseren Helden, und Musterwahl geht zu einer Zeit vor, wo wir die wenigste Erfahrung und Überlegung haben, und wirkt doch am Ende auf unsere Überlegung, wo nicht auf die Folgen unserer Erfahrung.

Der Mann hatte so viel Verstand, dass er fast zu nichts mehr in der Welt zu gebrauchen war.

Dass wir glauben wir handeln frei, wenn wir Maschinen sind, könnte das nicht auch Form des Verstandes sein? Es ist uns überhaupt unmöglich die ersten Entstehungen zu bemerken, wir bemerken überall nur was geschehen ist, nicht wie es geschieht, wenn wir also glauben wir tun jetzt eine Sache so ist sie schon getan.

Diese ganze Lehre taugt zu nichts als darüber zu disputieren.

Ich habe den Weg zur Wissenschaft gemacht wie Hunde die mit ihren Herrn spazieren gehen, hundertmal dasselbe vorwärts und rückwärts, und als ich ankam war ich müde.

M. Was war das, das hat ja fast wie Philosophie geklungen. Ich dachte immer der Kerl wäre zu dumm um ein Narr zu werden.
S. Zu dumm um ein Narr zu werden, du sprichst ja fast als wenn du zu klug wärst um ein vernünftiger Kerl zu sein.

M. Aber Klugheit und Narrheit nun bei Seite gesetzt höre.

Es gibt ein Sprüchwort im Englischen, das heißt: Er ist zu dumm um ein Narr zu werden. Es steckt sehr viel feine Bemerkung hierin.

Wir leben in einer Welt, worin *ein* Narr viele Narren, aber *ein* weiser Mann nur wenige Weise macht.

Twiss hatte sich mit seiner *Tour through Ireland* so verhasst gemacht, dass man sein Portrait auf dem Boden der Nachttöpfe mit offenem Munde und Auge vorstellte mit der Umschrift:

> Come let us piss
> On Mr. Twiss.

Als es den Goten und Vandalen einfiel, die große Tour durch Europa in Gesellschaft zu machen, so wurden die Wirtshäuser in Italien so besetzt, dass fast gar nicht unterzukommen gewesen sein soll. Zuweilen klingelten drei, vier auf einmal.

Manche Leute behaupten eine philosophische Unparteilichkeit über gewisse Dinge, weil sie nichts davon verstehen.

Ich wollte, dass ich mich alles entwöhnen könnte, dass ich von neuem sehen, von neuem hören, von neuem fühlen könnte. Die *Gewohnheit* verdirbt unsere Philosophie.

Durch das planlose Umherstreifen durch die planlosen Streifzüge der Phantasie wird nicht selten das Wild aufgejagt, das die planvolle Philosophie in ihrer wohlgeordneten Haushaltung gebrauchen kann.

Wenn dieses Philosophie ist, so ist es wenigstens eine, die nicht recht bei Trost ist.

Was das Studium einer tiefen Philosophie so sehr erschwert, ist, dass man im gemeinen Leben eine Menge von Dingen für so natürlich und leicht hält, dass man glaubt, es wäre gar nicht möglich, dass es anders sein könnte; und doch muss man wissen, dass man solcher vermeintlichen Kleinigkeiten größte Wichtigkeit erst einsehen muss, um das eigentlich sogenannte *Schwere* zu erklären.

Er handelte mit anderer Leute Meinungen. Er war Professor der Philosophie.

Es ist ein großer Unterschied zwischen etwas *noch* glauben und es *wieder* glauben. *Noch* glauben, dass der Mond auf die Pflanzen würke, verrät Dummheit und Aberglaube, aber es *wieder* glauben zeigt von Philosophie und Nachdenken.

Um vergnügt oder vielmehr lustig in der Welt zu sein, wird nur erfordert, dass man alles nur flüchtig ansieht; so wie man nachdenkender wird, wird man auch ernsthafter.

Dieses ist einer von den sogenannten *geflügelten* Sprüchen, die sich aber leider, anstatt umherzufliegen, über die Wolken erhoben haben. So geht es mit fliegenden Dingen. Man sollte sie anzubinden wissen oder lernen.

Ich bin gar nicht abgeneigt zu glauben, dass, die Menschen mit der Zeit können fliegen lernen. Junge Kinder müssen aber dazu gewöhnt werden, dabei müsste eine eiserne Stange den Rücken herauf über den Kopf weggehen, um ein Geg[enge]wicht anzubringen damit der Mittelpunkt der Schwere zwischen die Arme fiele, diese Stange könnte auch zur Befestigung der Flügel dienen. An der Stange, just dem

Schwerpunkt gegenüber könnte ein Ring angebracht werden woran man sich bei der Übung aufhängen könnte. Die Arme vom Ellenbogen an brauchte der Fliegende nicht.

Kluge Leute glauben zu machen man sei, was man nicht ist, ist in den meisten Fällen schwerer als würklich zu werden, was man scheinen will.

In Deutschland haben wir eine Menge Gelehrte die sich, wie man zu sagen pflegt, geschwinde in ein Fach hineinwerfen können, diese Leute wundern sich heimlich über sich selbst, dass sie so bald im Stande sind über eine Materie zu schreiben. Sie werden Polygraphen, ehe sie sich dessen versehen. Sie bekommen einen Ruhm, allein fast immer werden sie mehr von Unwissenden und Halberfahrnen angestaunt, der eigentliche Mann des Fachs lächelt bei ihren Arbeiten, die der Wissenschaft selbst nicht einen Pfennig eintragen. Sie gegenteils sind blödsinnig genug diesen ihnen versagten Beifall des Kenners für Neid zu halten.

Ein witziger und dabei flüchtiger Kopf lernt wenig gründlich, macht aber von dem wenigen gewiss den bestmöglichen Gebrauch, den ein minder witziger aber gründlicherer Gelehrter von dem seinigen nicht zu machen im Stande ist.

So wie es schon schmerzt, manche Entdeckung nicht gemacht zu haben, sobald man sie gemacht sieht, obgleich noch ein Sprung nötig war, so schmerzt es unendlich mehr, tausend kleine Gefühle und Gedanken, die wahren Stützen menschlicher Philosophie, nicht mit Worten ausgedrückt zu haben, die, wenn man sie von andern ausgedrückt sieht, Erstaunen erwecken. Ein gelernter Kopf schreibt nur zu oft, was alle schreiben können, und lässt das zurück, was er schreiben könnte, und wodurch er verewigt werden würde.

Es ist sonderbar, dass nur außerordentliche Menschen die Entdeckungen machen, die hernach so leicht und simpel scheinen, dieses setzt voraus dass die simpelsten aber wahren Verhältnisse der Dinge zu bemerken sehr tiefe Kenntnisse nötig sind.

Was ist denn ein deutscher Gelehrter? Nichts, gelbe winddürre Seelen-Gehäuse, deren Westen mehr Falten schlagen als andrer Leute ihre Mäntel.

Er hing noch auf der dortigen Universität, wie ein schöner Kronleuchter, auf dem aber seit zwanzig Jahren kein Licht mehr gebrannt hatte.

Ich habe eine Menge kleiner Gedanken und Entwürfe zusammengeschrieben, sie erwarten aber nicht sowohl noch die letzte Hand, als vielmehr noch einige Sonnenblicke, die sie zum Aufgehen bringen.

Wenn ich doch Kanäle in meinem Kopfe ziehen könnte, um den inländischen Handel zwischen meinem Gedankenvorrate zu befördern! Aber da liegen sie zu Hunderten, ohne einander zu nützen.

Er war ein solcher aufmerksamer Grübler, ein Sandkorn sah er immer eher als ein Haus.

Es ist eine Frage, welches schwerer ist, zu denken oder nicht zu denken. Der Mensch denkt aus Trieb, und wer weiß nicht wie schwer es ist einen Trieb zu unterdrücken. Die kleinen Geister verdienen also würklich die Verachtung nicht, mit der man [ihnen] nun in allen Landen zu begegnen anfängt.

Wäre damals ein Zoll auf die Gedanken gelegt worden, sie wäre gewiss insolvent geworden.

Ich warf allerlei Gedanken im Kopf herum bis endlich folgender obenhin zu liegen kam.

Der gesunde Gelehrte, der Mann bei dem Nachdenken keine Krankheit ist.

Hätte die Natur nicht gewollt dass der Kopf den Forderungen des Unterleibes Gehör geben sollte, was hätte sie nötig gehabt den Kopf an einen Unterleib anzuschließen. Dieser hätte sich ohne eigentlich dasjenige zu tun was man Sünde nennt satt essen und sich satt paaren und jener ohne diesen Systeme schmieden, abstrahieren und ohne Wein und Liebe von platonischen Räuschen und platonischen Entzückungen reden und singen und schwatzen können. Küsse vergiften ist noch weit ärger von der Natur gehandelt, als das Vergiften der Pfeile der Feinde im Krieg.

Madam Murray muss Ihnen doch recht gefallen haben. Sie haben zur Beschreibung von ihr solche zuckernen Wörtchen auserlesen, dass mir immer Marzipan einfällt, sooft ich sie lese.

Aus einem Brief an Christiane Dieterich, 12. Juni 1772

Mein Gott, was für ein Bauernmägdchen habe ich soeben gesehen! Sie hatte eine feine Serviette über den Kopf geschlagen und unter dem Kinn zugesteckt, ich kann noch nicht begreifen, woher ich weiß, dass sie eine Serviette um den Kopf hatte, denn meines Wissens habe ich ihr nur immer grade auf die Augen und auf den Mund gesehen. Zum Unglück hatte sie nichts zu verkaufen, was ich brauchte, und umgekehrt, was ich brauchte verkaufte sie nicht. Gütiger Gott, dachte ich bei mir selbst, was sind doch alle irdischen Apotheker-Augen-Salben gegen die deinigen gerechnet, und mit diesem Gedanken kehrte ich meine Augen weg, damit so wenig als möglich von der Salbe auf das Herz fiele.

Aus einem Brief an Johann Christian Dieterich,
21. März 1772

Also hat der Satan von einem Jungen, Amor, endlich die fatale Injektion in Ihr Herz gemacht. Ich dachte es wohl, mit dem Genuss rheinischer Speisen stellt sich gemeiniglich eine gewisse Hochachtung gegen die Damen ein, die sich der lose Pursche zunutze macht.

Aus einem Brief an Samuel Thomas Sömmerring,
7. Januar 1785

Ich sehe nicht ein warum nur derjenige Mann bekannt werden soll dessen Fähigkeiten durch viel Lärmen und Schimmer hörbar und sichtbar werden, der nicht ihr eigen ist. Alexanders Genie war ein Funke, der in ein Pulver-Magazin fiel, das aufflog und Asien beben machte, unser Funke fiel neben vorbei ins Feuchte, ich sage nur was hätte das für eine Erschütterung geben können, wenn er auf das Pulver gefallen wäre.

Was man sich selbst erfinden muss lässt im Verstand die Bahn zurück die auch bei einer andern Gelegenheit gebraucht werden kann.

Das Wort: *unvergleichlich* zeigt was in der Welt aus Worten werden kann.

Tausend sehn den Nonsense eines Satzes ein ohne im Stand zu sein noch Fähigkeit zu besitzen ihn förmlich zu widerlegen.

Es ist nicht zu leugnen, dass das Wort *Nonsense*, wenn es mit gehöriger Nase und Stimme ausgesprochen wird, etwas hat, das selbst den Wörtern Chaos und Ewigkeit wenig oder nichts nachgibt. Man fühlt eine Erschütterung die wo mich meine Empfindung nicht betrügt von einer fuga vacui des menschlichen Verstandes herrührt.

Man wird bei allen Menschen von Geist eine Neigung finden sich kurz auszudrücken, geschwind zu sagen was gesagt werden soll.

Um einen Gedanken recht rein darzustellen, dazu gehört sehr vieles Abwaschen und Absüßen, so wie einen Körper rein darzustellen.

Mit *wenigen Worten viel sagen* heißt nicht, erst einen Aufsatz machen, und dann die Perioden abkürzen; sondern vielmehr, die Sache erst überdenken, und aus dem Überdachten das Beste so sagen, dass der vernünftige Leser wohl merkt, was man weggelassen hat. Eigentlich heißt es, mit den wenigsten Worten zu erkennen geben, dass man viel gedacht habe.

Bei unserer elenden Erziehung, wo wir in der zweiten Hälfte des Lebens wieder vergessen müssen, was wir in der ersten gelernt haben, erfordert also Simpel-Schreiben Anstrengung, und daher glaubt man endlich alles was Anstrengung erfordert sei simpel und gut.

Die simple Schreibart ist schon deshalb zu empfehlen, weil kein rechtschaffener Mann an seinen Ausdrücken künstelt und klügelt.

Vor Gott gibt es bloß Regeln, eigentlich nur eine Regel und keine Ausnahmen. Weil wir die oberste Regel nicht kennen, so machen wir General-Regeln, die es nicht sind, ja es wäre wohl gar möglich, dass das, was wir Regel nennen, wohl selbst noch für endliche Wesen Ausnahmen sein könnten.

In einigen Stunden ist dieses Jahr vorüber. Auch dieses Fass haben wir ausgeleert, wie mancher hat über dem Trinken das Aufstehen vergessen. Wir, die wir bis auf den letzten Tropfen dabei ausgehalten haben, wollen wünschen, dass das neue, das uns der Himmel ansteckt, ebenso schmackhaft, so wenig berauschend und so gesund sein möge als das nunmehr leere, so wollen wir mit Freude unser Geschirre unterhalten und den 365sten Zug über das Jahr so munter tun, als ich heute den 366sten getan habe.

Aus einem Brief an Joel Paul Kaltenhofer,
31. Dezember 1772

VI »Es ist fast unmöglich, die Fackel der Wahrheit durch ein Gedränge zu tragen, ohne jemandem den Bart zu sengen.«

Über Wahrheit, Aufklärung und das Glück des Zweifelns

Die gefährlichsten Unwahrheiten sind Wahrheiten mäßig entstellt.

Vom Wahrsagen lässt sich's wohl leben in der Welt, aber nicht vom Wahrheit sagen.

Es gibt Wahrheiten, die so ziemlich herausgeputzt einhergehen, dass man sie für Lügen halten sollte, und die nichtsdestoweniger reine Wahrheiten sind.

Die Kleckse in Ihrem Brief habe ich erst gesehen, nachdem ich Ihre Entschuldigung wegen derselben gelesen hatte. Ich glaube, während als ich den Brief las, hätten Sie mir welche in das Gesicht machen oder mir mit gebranntem Kork einen zollbreiten Streifen von einem Ohr zum andern ziehen können, ich hätte es wahrlich nicht gemerkt, so sehr war ich in den angenehmen Brief verloren.

Aus einem Brief an Christiane Dieterich, 15. März 1772

Es ist fast unmöglich, die Fackel der Wahrheit durch ein Gedränge zu tragen, ohne jemandem den Bart zu sengen.

Ich glaube auch an den Helvetius'schen Satz: *Man kann, was man will, aber nicht alles, was man sich ruhig wünscht zu können, will man.* Die Art zu wollen, die Helvetius meint, ist unwiderstehliche Begierde, die fast nie ohne die erforderliche Fähigkeit ist.

Sympathie ist ein schlechtes Almosen.

Wer zwei Paar Hosen hat, mache eins zu Geld und schaffe sich dieses Buch an.

Von den jedermann bekannten Büchern muss man nur die allerbesten lesen, und dann lauter solche, die fast niemand kennt, deren Verfasser aber sonst Männer von Geist sind.

Schmierbuch-Methode bestens zu empfehlen. Keine Wendung, keinen Ausdruck unaufgeschrieben zu lassen. Reichtum erwirbt man sich auch durch Ersparung der Pfennigs-Wahrheiten.

Mut, Geschwätzigkeit und Menge ist auf unserer Seite. Was wollen wir weiter?

Wir verbrennen zwar keine Hexen mehr, aber dafür jeden Brief, worin eine derbe Wahrheit gesagt ist.

Ich möchte was darum geben, genau zu wissen, für wen eigentlich die Taten getan worden sind, von denen man öffentlich sagt, sie wären *für das Vaterland* getan worden.

Sie schreiben aus Vaterlands-Liebe Zeug, worüber man unser liebes Vaterland auslacht.

Die Lüftung der Nation kommt mir zur Aufklärung derselben unumgänglich nötig vor. Denn was sind die Menschen anders als alte Kleider? Der Wind muss durchstreichen. Es kann sich jedermann die Sache vorstellen, wie er will; allein ich stelle mir jeden Staat wie einen Kleiderschrank vor, und die Menschen als die Kleider desselben. Die Potentaten sind die Herren, die sie tragen, und zuweilen bürsten und ausklopfen, und wenn sie sie abgetragen haben, die Tressen ausbrennen und das Zeug wegschmeißen. Aber die Lüftung fehlt; ich meine, dass man sie auf den

Boden hängt. Wenn der Kaiser einmal seine ungarischen Schafe auf den Sand in der Mark triebe, und der König von Preußen die seinigen in Ungarn weiden ließe, was würde da nicht die Welt gewinnen!

Ich rechne bei vielen unserer sogenannten Verbesserungen, als unsere größere humanity, unser Eifer in der Philosophie aufzuklären, nicht viel. Es ist fürchte ich alles bloß Mode, so wie es die Physiognomik vor ohngefähr 4 bis 5000 Tagen war. Mich dünkt überhaupt muss man bei den Deutschen nur suchen Dinge *Mode* zu machen, wenn nur damit Gutes geschieht, so ist es ja auch gut.

Man sage was man wolle, wenn Kleider auch nicht Leute machen, so machen sie doch Sitten.

Noch hier und da bei den Hottentotten unsers Vaterlands.

Die Könige glauben oft, das was ihre Generale und Admirale tun, sei Patriotismus und Eifer für ihre eigne Ehre. Öfters ist die ganze Triebfeder großer Taten ein Mädchen, welches die Zeitung liest.

Wenn man manchen großen Taten und Gedanken bis zu ihrer Quelle nachspüren könnte, so würde man finden, dass sie öfters gar nicht in der Welt sein würden, wenn die Bouteille verkorkt geblieben wäre, aus der sie geholt wurden. Man glaubt nicht, wie viel aus jener Öffnung hervorkommt. Manche Köpfe tragen keine Früchte, wenn sie nicht wie Hyazinthenzwiebeln über Bouteillenhälsen stehen. Der Feige holt da seinen Mut, der Schüchterne Vertrauen auf eigene Kraft und der Elende Trost hervor.

Man spricht viel von Aufklärung, und wünscht mehr Licht. Mein Gott was hilft aber alles Licht, wenn die Leute entweder keine Augen haben, oder die, die sie haben, vorsätzlich verschließen?

Aufklärung in allen Ständen besteht eigentlich in *richtigen Begriffen von unsern wesentlichen Bedürfnissen.*

Er verachtet mich, weil er mich nicht kennt, und ich seine Beschuldigungen, weil ich mich kenne.

Unter meiner Korrespondenz mit Herrn Gumprecht musst Du Dir nichts Arges vorstellen, als ob ich etwa Geld von ihm borgen wollte, sondern die Sache ist kürzlich die. Herr Gumprecht behauptete neulich in einem Briefe an mich, dass Mendelssohn in seinem Schreiben an Herrn Lavater zu weit gehe, wenn er behauptet, dass die wichtigsten Punkte der menschlichen Erkenntnis so beleuchtet wären, dass, um darüber etwas Neues zu sagen, man etwas Ungereimtes sagen müsse. Er sagte nämlich, dass er bei müßigen Stunden, in der letzten Braunschweiger Messe, auf die Gedanken geraten sei, dass der Satz seinem großen Glaubensgenossen eher entwischt wäre, ehe er ihn genugsam bestimmt habe, welches allerdings Leuten, die klein von Person sind, öfter begegnet. Unter andern führt er mit Recht an, dass das Wort wichtig ein sehr relativer und dabei unphilosophischer Begriff sei. In der Tat hatte er es mit einem Beispiel belegt, er erzählte mir etwas, das mir äußerst wichtig und dabei gar nicht ungereimt war. Dem, der Schnupftabak schnupft, ist es sehr wichtig seine Dose nicht vergessen zu haben. Betrachtet man aber den Menschen als einen bloßen Punkt, wie etwa dieser (.), als ein Ding, das nicht schnupft, das keine rechte und linke Hand, auch keinen Hintern hat, so fällt wegen der letztern Umstände auch schon vieles von Zeremoniell weg, wenn ein solcher Mensch zu einem solchen König in die Stube treten will, so braucht er sich gar nicht zu bedenken, mit welchem Glied er zuerst hinein will, denn er hat kein Glied, und König und Untertan würden beieinanderstehen als ein paar nichtnummerierte Billard-Kugeln auf einem Billard, das so groß wäre wie die ganze Welt.

Aus einem Brief an Johann Christian Dieterich,
13. Januar 1773

Bei großen Dingen frage man: Was ist das im Kleinen? Und bei kleinen: Was ist das im Großen? Wo zeigt sich so etwas im Großen, oder im Kleinen?

Diogenes ging in einem schmutzigen Aufzug über die prächtigen Fußdecken in den Zimmern des Plato. Ich trete, sagte er, den Stolz des Plato mit Füßen; ja, erwiderte Plato, aber nur durch eine andere Art von Stolz.

Diogenes soll bei seinem Tode verordnet haben, ihn gar nicht zu begraben, andere hingegen behaupten er habe gesagt man solle ihn so begraben, dass der Kopf nach unten und die Beine in die Höhe käme[n], weil, wie er hinzusetzte, da bald eine große Veränderung vorgeht, wo das oberste zu unterst gekehrt ist.

Demokritus sagt hüte dich vor der Liebe denn sie ist eine kleine Schwerenot.

Es gibt einen Zustand, der wenigstens bei mir nicht sehr selten ist, da man die Gegenwart und Abwesenheit einer geliebten Person gleich wenig ertragen kann; wenigstens bei der Gegenwart nicht das Vergnügen findet, welches man, aus der Unerträglichkeit der Abwesenheit zu schließen, von ihr erwarten sollte.

Sokrates wollte abends in sein Haus, Xanthippe schimpfte oben herunter, und goss ihm endlich gar den Nachttopf auf den Kopf: Ich habe es gedacht, sprach er, auf ein solches Gewitter wird es regnen.

Schade dass der Philosoph von seinen Republiken und der Reformator von seinen Reformationen keine Modelle machen kann, denn es gehört schon eine große Stärke im philosophischen Kalkül dazu vorherzusagen, dass sie nicht gehen werden.

Vergleichung zwischen Philosophie und Frisur; sie hängen beide von der Mode ab. Alte Perücken und alte Philosophie; auch schleichen die alten Professoren der Philosophie einher, wie die alten Perückiers.

Sie sollten also auch wie diese, wenn sie im Alter nicht darben wollen, sich bestreben bei Zeiten als Kammerdiener bei Ökonomie und Kameral-Wissenschaft angestellt zu werden (besser). Dass sich beide mit modischer Auszierung der Köpfe beschäftigen, darf nicht übergangen werden.

Wenn sie Rechtsgelehrte sind, so haben sie sehr subtile Einfälle in den Winkelgen des Ganzen das darüber verloren geht, und sprechen viel von der schönen Jurisprudenz weil sie zur hässlichen zu faul sind.

So wie das höchste Recht das höchste Unrecht ist, so ist auch umgekehrt nicht selten das höchste Unrecht das höchste Recht.

Dass am Menschen nicht viel Sonderliches ist, beweist hauptsächlich die Weitläuftigkeit der Jurisprudenz.

4 Deputierte pissen gegen eine Kutsche, die Kutsche geht weg, und sie pissen gegeneinander.

In einem Städtgen, das, wenn das Schnupfen- und Pockenjahr zusammentrafen, einen einzigen Arzt ganz bequem ernähren konnte, lebten ihrer zween, der eine in der Neustadt und der andere in der Altstadt. Vielleicht ist nie ein unähnlicheres Paar sonderbarer zusammengebracht worden als diese beiden Leute. In ihren Grundsätzen waren sie so verschieden, dass sie sich einander in Schriften todgekränkt haben würden, wenn sie auch nicht auf eine Art zusammengebracht worden wären die selbst Brüder gegeneinander aufbringen konnte. Es ist gar mit Worten nicht auszudrücken, was für seltsame Streit-, Kuren- und Sterbfälle die Eifersucht dieser beiden Leute verursacht hat. Wenn eine Krankheit herrschte, so erkundigte sich der eine immer nach dem was der andere verschrieb, bloß um das Gegenteil zu tun. Das sonderbarste war, dass beide gleich glücklich und gleich unglücklich waren, und wenn sie ihre Fälle drucken ließen, so wusste man nicht zu sagen was man denken sollte.

Wertester Freund,
Die Nachricht von Ihrer Unpässlichkeit ist mir in doppeltem Betracht unangenehm gewesen, einmal weil es Sie betraf, und dann weil die Unpässlichkeit wider einige meiner Grundsätze lief. Ein Mann, der nur isst, wenn ihn hungert, und nur trinkt, wenn ihn

dürstet, dachte ich, und bei der Wahl der Speisen immer seinem eignen Geschmack und nicht der Mode folgt, kann nicht krank werden, aber was mir das Vertrauen zu meinen Regeln etwas wiedergibt, ist, dass Sie doch etwas zu viel sitzen, und Bewegung befiehlt die nämliche Natur, welche Ihnen jenes auferlegt, das Sie so genau in Erfüllung bringen. Also, mein wertester Freund, bedenken Sie dieses einmal, die Bewegung meine ich – weiter sage ich Ihnen nichts, wer nach Grundsätzen lebt, muss sich selbst überzeugen, drum gebe ich Ihnen nur den Satz an.

Aus einem Brief an Joel Paul Kaltenhofer,
20. September 1772

Er hatte sich wenigstens seit 6 Wochen nur in Gedanken gewaschen.

Es sind wenig Menschen, die nicht manche Dinge glauben sollten, die sie bei genauer Überlegung nicht verstehen würden. Sie tun es bloß auf das Wort mancher Leute, oder denken, dass ihnen die Hülfs-Kenntnisse fehlen, mit deren Erwerbung alle Zweifel würden gehoben werden. So ist es möglich, dass ein Satz allgemein geglaubt werden kann, dessen Wahrheit noch kein Mensch geprüft hat.

Populärer Vortrag heißt heutzutage nur zu oft der, wodurch die Menge in den Stand gesetzt wird, von etwas zu sprechen, ohne es zu verstehen.

Wie viel in der Welt auf Vortrag ankömmt, kann man schon daraus sehen, dass Kaffee, aus Weingläsern getrunken, ein sehr elendes Getränke ist, oder Fleisch bei Tische mit der Schere geschnitten, oder gar, wie ich einmal gesehen habe, Butterbrod mit einem alten wiewohl sehr reinen Schermesser geschmiert.

Und einem solchen Mann glaubt man, der nicht einmal die Wörter versteht in denen er spricht.

Um an etwas zu zweifeln, ist freilich oft bloß nötig, dass man es nicht versteht. Diesen Satz wollten einige Herren gar zu gern umkehren, indem sie behaupten, man verstehe ihren Satz nicht, wenn man ihn bezweifelt.

Ich kann nicht sagen, dass ich das Glück hätte daran zu zweifeln.

Dinge zu bezweifeln, die ganz ohne weitere Untersuchung jetzt geglaubt werden, das ist die Hauptsache überall.

VII »Wo muss ich hierbei hinsehen um
etwas zu finden, was noch kein Mensch
gefunden hat?«

Über Einfälle, Phantasie und Witz

Eine ganze Milchstraße von Einfällen.

Der Verfasser an sich selbst
Dir wünsch ich, dass du solche Sachen
Nie nötig hast ums Brot zu machen.

Aus den Neujahrswünschen,
Dezember 1772

Es soll mir zur Warnung dienen, ich will künftig
nichts mehr drucken lassen, ohne es wie jener große
französische Dichter meiner Köchin vorzulesen.

Nichts verloren gehen zu lassen, ist eine Hauptregel,
Papierschnitzel so wenig als Zeit.

Was hilft aller Sonnenaufgang wenn wir nicht aufstehen.

Die Leute, die niemals Zeit haben, tun am wenigsten.

Wo muss ich hierbei hinsehen um etwas zu finden, was noch kein Mensch gefunden hat?

Meine Phantasie scheute, so wie Pferde und lief fort mit mir.

In der Nacht vom 9ten auf den 10ten Februar 99. träumte mir, ich speiste auf einer Reise in einem Wirtshause, eigentlich auf einer Straße in einer Bude, worin zugleich gewürfelt wurde. Gegen mir über saß ein junger gut angekleideter, etwas windig aussehender Mann, der ohne auf die umher Sitzenden und Stehenden zu achten seine Suppe aß, aber immer den 2ten oder dritten Löffel voll in die Höhe warf, wieder mit dem Löffel fing und dann ruhig verschluckte. Was mir diesen Traum besonders merkwürdig macht, ist, dass ich dabei meine *gewöhnliche* Bemerkung machte, dass solche Dinge nicht könnten erfunden werden, man müsse sie sehen. (Nämlich kein Romanenschreiber würde darauf verfallen) und dennoch hatte ich dieses doch in dem Augenblick erfunden. Bei dem Würfel-Spiel saß eine lange, hagere Frau und strickte. Ich fragte, was man da gewinnen könnte: sie sagte:

Nichts, und als ich fragte, ob man was verlieren könne, sagte sie: *Nein!* Dieses hielt ich für ein wichtiges
Spiel.

Die wilden Amerikaner konnten die Spanier von
ferne riechen.

Herr Camper erzählte, dass eine Gemeinde Grön-
länder, als ein Missionair ihnen die Flammen der
Hölle recht fürchterlich malte, und viel von ihrer
Hitze sprach, sich alle nach der Hölle zu sehnen angefangen hätten.

Der Amerikaner, der den Kolumbus zuerst entdeck-
te, machte eine böse Entdeckung.

Sehr viele und vielleicht die meisten Menschen müssen, um etwas zu finden, erst wissen, dass es da ist.

Ein untrügliches Mittel wider das Zahnweh zu erfinden, wodurch es in einem Augenblick gehoben
würde, möchte wohl so viel wert sein und mehr, als
noch einen Planeten zu entdecken.

Wer ist unter uns allen, der nicht Einmal im Jahre närrisch ist, das ist, wenn er sich allein befindet, sich eine andere Welt, andere Glücksumstände denkt, als die wirklichen? Die Vernunft besteht nur darin, sich sogleich wiederzufinden, sobald die Szene vorüber ist, und aus der Komödie nach Hause zu gehen.

Er trank die Kur in Phantasien und baute sie sich in Luftschlössern.

Der Mensch ersetzt oft durch Phantasie und Wein, was ihm an Naturkräften abgeht. Das muss notwendig ganz eigene Phantasie- und Weingeschöpfe hervorbringen.

Die Hastigkeit sowohl beim *Ent-* als beim *Ver-*korken hat überhaupt in der Welt schon viel Unheil gestiftet.

Aus einem Brief an Franz Ferdinand Wolff,
3. Februar 1785

Ich habe immer gesagt, die Mechaniker gedeihen am besten, wenn man sie [auf] junge Stämme von Uhrmachern propft.

Schwätzt doch nicht. Was wollt ihr denn? Wenn die Fixsterne nicht einmal fix sind, wie könnt ihr denn sagen, dass alles Wahre wahr ist?

Ein sonderbares Geräusch, als wenn ein ganzes Regiment auf einmal niesete.

Das Niesen ist eine Operation wodurch große Übel entstehen können, Taubheit, Blindheit, Aderkröpfe, ja selbst der Tod. Dieses ist die Ursache warum man Prosit sagt, Gott gebe, dass dir dieses nicht schaden möge. Man könnte das Prosit bei manchen andern Dingen sagen, beim *ersten Versemachen*, Heiraten pp.

Glas ist gefrorne Luft.

Ob die Musik die Pflanzen wachsen mache, oder ob es unter den Pflanzen welche gebe, die musikalisch sind?

Der Herbst, der der Erde die Blätter wieder zuzählt, die sie dem Sommer geliehen hat.

Himmelgrün sagte ein Bedienter einmal.

Grün die Farbe der Hoffnung nur nicht im Ringe um die Augen.

Ihr Unterrock war rot und blau sehr breit gestreift und sah aus, als wenn er aus einem Theater-Vorhang gemacht wäre. Ich hätte für den ersten Platz viel gegeben, aber es wurde nicht gespielt.

Wie geht's, sagte ein Blinder zu einem Lahmen. Wie Sie sehen, antwortete der Lahme.

Wenn die Hunde, die Wespen und die Hornissen mit menschlicher Vernunft begabt wären, so könnten sie sich vielleicht der Welt bemächtigen.

Es ist sehr weise, dass die Fische stumm sind; denn da das Wasser den Schall so außerordentlich fortpflanzt, so würden sie ihr eigenes Wort nicht hören.

Wer ein Gewitter, und nur ein paar hunderttausend Hornissen kommandieren könnte, der könnte mehr tun als Alexander, oder auch nur eine halbe Million Menschen.

Eine der sonderbarsten Anwendungen, die der Mensch von der Vernunft gemacht hat, ist wohl die es für ein Meisterstück zu halten sie nicht zu gebrauchen, und so mit Flügeln geboren sie abzuschneiden und so von dem ersten dem besten Kirchturm sich herabzulassen.

Es ist mit dem Witz wie mit der Musik, je mehr man hört, desto feinere Verhältnisse verlangt man.

Der wahre Witz weiß ganz von der Sache entfernte Dinge so zu seinem Vorteil zu nutzen, dass der Leser denken muss, der Schriftsteller habe sich nicht nach der Sache, sondern die Sache nach ihm gerichtet.

Die Menschen haben immer Witz genug, wenn sie nur keinen haben *wollen.*

Da steht er, wie Niobe, unter den Kindern seines Witzes, und muss sehen, wie ihm Apoll eines nach dem andern über den Haufen schießt.

Die schönste Art der Ironie ist, eine Sache die gar nicht verteidigt werden kann, zu verteidigen mit Gründen, die voll satyrischer Bitterkeit sind, häufig Stellen zu zitieren und zu erklären.

Wenn ein witziger Gedanke frappieren soll, so muss die Ähnlichkeit nicht bloß einleuchtend sein, das ist noch das Geringste, ob es gleich unumgänglich nötig ist; sondern sie muss auch von andern noch nicht gefunden worden sein, und doch muss alles, was dazu gehört, jedem so naheliegen, dass es ihn wundernimmt, dass er sie noch nicht ausgefunden hat. Das ist die Hauptsache. Hat man die Bemerkung schon dunkel gemacht, so wohl die eigentliche, als die, womit die Vergleichung angestellt wird, aber noch nie deutlich gedacht, so steigt das Vergnügen aufs höchste. Die Menschen sehen täglich eine Menge von Dingen, die sie zur Regel erheben könnten, es geschieht aber nicht; sie bringen sie nicht zu Buch, und das ist die rechte Fundgrube des Witzes.

Eine herrliche Ehre heutzutage überzeugt zu sein, dass man nichts weiß.

Die Natur des Menschen erfordert es, und die Natur des Affen selbst ist nicht abgeneigt es anzunehmen.

Es ist fast nicht möglich etwas Gutes zu schreiben ohne dass man sich dabei jemanden oder auch eine gewisse Anzahl von Menschen denkt die man anredet. Es erleichtert wenigstens den Vortrag sehr in tausend Fällen gegen einen.

Zu leben, wenn man nicht will, ist abscheulich, aber noch entsetzlicher wäre es unsterblich zu sein, wenn man nicht wollte.

Jeden Augenblick des Lebens, er falle, aus welcher Hand des Schicksals er wolle, uns zu, den günstigen, so wie den ungünstigen, zum bestmöglichen zu machen, darin besteht die Kunst des Lebens, und das eigentliche Vorrecht eines vernünftigen Wesens.

Von einem, der nur immer auf das Gegenwärtige denkt, könnte man sagen, *er hat die Unsterblichkeit der Seele nicht erfunden.*

Die Sanduhren erinnern nicht bloß an die schnelle Flucht der Zeit, sondern auch zugleich an den Staub in welchen wir einst verfallen werden.

Es lässt sich ohne sonderlich viel Witz so schreiben, dass ein anderer sehr vielen haben muss es zu verstehen.

Dass Du vor meinem Witz die Segel streichst, will ich diesesmal als ein Kompliment annehmen, künftig wollen wir einander ohne Kompliment begegnen, nur bitte ich mir wie bisher freie Schifffahrt aus.

Aus einem Brief an Johann Christian Dieterich und Frau,
19. März 1772

Die große und untrügliche Kunst, sich in Gesellschaft allgemein lieben, ja selbst verehren zu machen, ist sicherlich nicht die, eignen Witz und Verstand und Kenntnisse an den Tag zu legen, sondern: Ohne Zudringlichkeit und als brächte es die Natur der Unterredung so mit sich, jedem der Gegenwärtigen, wo möglich, Gelegenheit zu geben, zu zeigen, dass *Er* Witz oder Verstand oder Kenntnisse besitze.

Um witzig zu schreiben muss man sich mit den eigentlichen Kunstausdrücken aller Stände gut bekannt machen, ein Hauptwerk in jedem nur flüchtig gelesen ist hinlänglich. Denn was ernsthaft seicht ist, kann witzig tief sein.

Ich bin überzeugt, dass alles gut sein wird an dem Tage, wenn die Geschichte ihre Bücher schließt, aber wer kann mir verdenken, wenn ich auch zuweilen meinen Bass in diesem Konzert brumme?

Empfehlen Sie mich allen Personen, die sich meiner erinnern, hauptsächlich unserm vortrefflichen Nicolai, der nun weiter nichts mehr zu tun hat, als zu sterben, um für einen der ersten Köpfe unsers Jahrhunderts gehalten zu werden.

Aus einem Brief an Johann Georg Forster,
18. Februar 1788

Der Traum ist ein Leben, das, mit unserm übrigen zusammengesetzt, das wird, was wir menschliches Leben nennen. Die Träume verlieren sich in unser Wachen allmählig herein, man kann nicht sagen, wo das Wachen eines Menschen anfängt.

Gestern Nachmittag 3¾ Uhr ist meine Taschenuhr ganz sanft verstorben. Sie hatte schon seit drei Monaten gekränkelt.

Ich weiß nicht, ob Du den großen gelben Hosenknopf gekannt hast, den ich voriges Jahr zu oberst an meinen Hosen trug. Es war der einzige metallene an meinem ganzen Leibe. Er hat mich nie verlassen, seit 1769 versah er diese Stelle mit einer für einen Hosenknopf bewundernswürdigen Treue und Ernst. Da ich hier merkte, dass ihm der Dienst sauer wurde, so adjungierte ich ihm einen neuen Modeknopf, der ehmals auf Swantons Uniform gesessen hatte, das Regiment liegt jetzt in Minorca. Dieses nahm er übel. Im Dezember fing er an zu klagen und den Kopf zu hängen, und gestern Nachmittag zwischen 3 und 4 zerriss das Band das uns über 3 Jahre aneinander geknüpft hatte, ich meine die Saite im Holz, und er lag vor mir auf der Erde. Ich nahm den armen Teufel auf und sah ihn eine Zeitlang an mit einem Mitleid, als wenn er mein Neben-Geschöpf gewesen wäre. Habe Dank, sagte ich ihm, erster unter den Knöpfen, für Deine Dienste. Wer weiß, ob ich nun nicht ewig die Hosen heben muss. Ruhe sanft, ein Philosoph erkennt Deinen Wert, und damit flog er in einen Bach, der unter meinem Fenster wegfließt, so dichterisch als je einer in einem Liedchen gemurmelt oder gerieselt hat.

Wandrer, sieh diesen Hosenknopf, den treusten seines Geschlechts, an, statt über dieses Lob zu lachen, so fühle erst, ob Dir der Deinige noch festsitzt, und gehe weiter.

Aus einem Brief an Johann Christian Dieterich,
Februar 1773

Theorie der Falten in einem Kopfkissen.

Er hatte seinen beiden Pantoffeln Namen gegeben.

Der Schuh und der Pantoffel

Warum schaffst du dir nicht auch eine Schnalle an, wie ich, sagte der Schuh zu dem Pantoffel, der neben ihm stund, es ist doch eine schöne Sache. – Eine Schnalle? versetzte der Pantoffel, wozu sollte mir die nützen? – Wozu sie dir nützen könnte? Die Schnalle? fuhr der Schuh hitzig auf, und du weißt das nicht? Lieber Himmel ohne Schnalle bleibst du ja gleich in dem ersten Morast stecken. Ja, mein lieber Freund, erwiderte der Pantoffel, wo Morast ist, da gehe ich nicht hin.

Ich weiß gar nicht, sagte das Nachtlichtchen zur Sonne, warum du dich allemal verkriechst, wenn ich zu brennen anfange; du fürchtest dich doch wohl nicht vor mir? Nein, war die Antwort, aber, wenn *Ich* bliebe, wo bliebe das Nachtlichtchen?

Eine Seelen-Schokolade, deren Gebrauch zum ewigen Leben führt.

Mir ist es unbegreiflich, warum der Zustand der unendlichen Herrlichkeit nicht lieber gleich angeht, da doch dieses Leben nur überhaupt ein verschwindender Punkt ist.

Dass ich tot sei, soll einem bekannten Hasenfuß in Osnabrück geträumt haben, wie ich höre, und da die Träume wachender Hasenfüße noch weit seltner eintreffen sollen als die Träume der schlafenden, so verspreche ich mir daraus ein langes Leben.

Aus einem Brief an Marie Tietermann,
Anfang September 1773

Man hat vieles über die *ersten* Menschen gedichtet, es sollte es auch einmal jemand mit den beiden *letzten* versuchen.

Der Weisheit erster Schritt ist: Alles anzuklagen,
Der letzte: sich mit Allem zu vertragen.

Jeder stürzt sich mit seiner elastischen Atmosphäre
in das Meer der Ewigkeit, je elastischer sie ist, desto
länger sprudelt es, aber am Ende, wo es nicht mehr
sprudelt, sind wir Alle, Alle *vergessen*.!!

Seite aus Lichtenbergs *Noctes*, einem Notizbuch
(1795–1798)

Zeittafel

1742   Am 1. Juli wird Georg Christoph Lichtenberg als 17. und jüngstes Kind des Pfarrers Johann Conrad Lichtenberg und Henriette Katharina, geborene Eckhardt, im Dorf Ober-Ramstadt südöstlich von Darmstadt geboren. Wegen »großer Schwächlichkeit« wird er sofort getauft.

1745   Die Familie zieht nach Darmstadt, der Vater Johann Conrad Lichtenberg ist dort zum Stadtprediger und Definitor berufen worden.

1751   Am 17. Juli stirbt der Vater im Alter von 62 Jahren. Neben Georg Christoph sind nur noch vier weitere Kinder am Leben.

1752   Besuch des Darmstädter Pädagogiums (bis 1761).

1756   Am 19. April, Ostermontag, wird Lichtenberg konfirmiert.

1763   Um den 1. Mai herum verlässt Lichtenberg Darmstadt mit dem Ziel Göttingen. Am 21. Mai schreibt er sich an der dortigen Georgia-Augusta-Universität als »Mathematum et Physices Studiosus« ein. Bis 1767 Studium der Mathematik, Physik, der zivilen und militärischen Baukunst, von Ästhetik, englischer Sprache und Literatur, der Staatengeschichte Europas, von Diplomatik und Philosophie.

1764   Lichtenberg beginnt mit Eintragungen in sein erstes *Sudelbuch*. Am 11. Juni stirbt 68-jährig die Mutter.

1766   Astronomische Arbeiten am Observatorium der Hochschule bis 1774. Am 17. Mai erscheint ohne Namensnennung Lichtenbergs mutmaßlich erster Aufsatz im Druck: »Versuch einer natürlichen Geschichte der schlechten Dichter, hauptsächlich der Deutschen«.

1767   Die folgenden drei Jahre ist Lichtenberg »Hofmeister«, eine Mischung aus Erzieher und Betreuer, junger Engländer, vor allem des jungen Lord Thomas Swanton. Am 17. August wird er zum »2. Professor in der Mathematik« ernannt und in Gießen zum »öffentlichen Lehrer der Englischen Sprache«. Diese Stelle tritt er nie an.

1768   Lichtenberg beginnt das *Sudelbuch B*, das er bis 1771 führt.

1769   »Ueber eine Abhandlung die Ableitung des Blitzes betreffend«.

1770   Am 25. März bricht Lichtenberg zu seiner ersten Reise nach England auf. Am 10. April trifft er in London ein. Am 22. April begegnet er in der Sternwarte von Richmond König George III. Am 31. Mai wird er zum Extraordinarius ernannt. Um den 1. Juni ist er zurück in Göttingen. Am 26. Juni Berufung zum Professor. Er kündigt Vorlesungen über Probleme der Mathematik, über ausgewählte Kapitel der astronomischen Berechnungen sowie über Himmelsbeobachtungen an.

1772   Von September 1772 bis August 1773 führt Lichtenberg das *Sudelbuch C*.

1773   Im August beginnt Lichtenberg das *Sudelbuch D* (bis Mai 1775).

1774   Am 29. August bricht Lichtenberg zu seiner zweiten, sechzehn Monate langen Englandreise auf.

1775   Ernennung zum Ordentlichen Professor (ohne Gehaltserhöhung). Im Juli 1775 beginnt Lichtenberg das *Sudelbuch E* (bis April 1776). Am 3. November Abschied von König George III., der ihm Bücher und 1200 Taler schenkt.

1776 Im April beginnt Lichtenberg das *Sudelbuch F* (bis Januar 1779.) In Göttingen bezieht er Räumlichkeiten im angemieteten Haus seines Freundes Johann Christian Dieterich, in dem auch dessen Verlag untergebracht ist, nach dem Vorbesitzer »Schmahles Laden« genannt, in der Gotmarstraße 1. Im Gegenzug für die Arbeit an Dieterichs *Taschenbuch zum Nutzen und Vergnügen nebst Göttinger Taschen Calender*, einer Zusammenstellung von Illustrationen und Kupferstichen mit Kommentaren von Lichtenberg und begleitet von anekdotischer Prosa, kann er mietfrei wohnen. Das *Taschenbuch* wird er die folgenden 23 Jahre herausgeben. *Briefe aus England.*

1777 Lichtenberg tauscht mit der Familie Dieterich die Wohnung im Haus. Für Experimente und für Vorlesungen, die er zu Hause gibt, damals akademischer Usus, benötigt er mehr Platz. Die Adresse lautet nun Prinzenstraße 2, das Nachbargebäude von »Schmahles Laden«, 2. Stock. Hier wohnt er bis zu seinem Tod. Am 8. März besucht ihn der Dramatiker und Kritiker Gotthold Ephraim Lessing. Er begegnet dem zwölfjährigen Blumenmädchen Maria Dorothea Stechard(t), der »kleinen Stechardin«.

1778 *Über Physiognomik wider die Physiognomen. Zur Beförderung der Menschenliebe und Menschenkenntniß* erscheint im Februar in 2., korrigierter und erweiterter Form. Die Sozietät der Wissenschaften hält am

21. Februar die erste Sitzung über elektrische Figuren ab, die auf Gleitentladung beruhen. Lichtenberg hatte diese im Vorjahr zufällig entdeckt. (Sie werden später nach ihm benannt.) An Pfingsten reist er nach Hamburg, Wandsbek und Helgoland.

1779   Am 4. Januar Ehrenpromotion zum Magister. Ernennung zum Sodalen (Ordentlichen Mitglied) der Sozietät der Wissenschaften. Beginn des verlorenen *Sudelbuchs G.* Nach ihrer Konfirmation an Ostern tritt Maria Dorothea Stechard(t) in Lichtenbergs Dienste und zieht zu ihm.

1780   Lichtenberg errichtet an seinem Gartenhaus in der Hospitalstraße Göttingens ersten Blitzableiter. »Nachricht von dem ersten Blitzableiter in Göttingen nebst einigen Betrachtungen dabei«. Zu Stechard(t) entwickelt sich seine wohl erste Liebesbeziehung.

1780–1785 Lichtenberg fungiert zusammen mit Georg Forster als Herausgeber des *Göttingischen Magazins der Wissenschaften und Litteratur*.

1782   Am 3. August stirbt Maria Dorothea Stechard(t). Wochenlange schwere Depression.

1783   Mutmaßlich im Mai tritt Margarete Elisabeth »Margaretchen« Kellner (geboren am 17. September 1768) in seinen Dienst, seit Dezember des Vorjahres leben sie in einem geheim gehaltenen, eheähnlichen Verhältnis. Goethe besucht ihn am 28. September. Ab November Versuche mit Flugballons und Traum eines nie realisierten eigenen Flugs.

1784 Mutmaßlich Beginn des *Sudelbuchs H*, dessen Handschrift verschollen ist. Am 16. September wird Sohn Karl Gottlieb geboren, der am 15. November desselben Jahres stirbt (bei der Geburtseintragung im damals hessischen Eddigehausen verschleiert Margarete Kellner den Vater und gibt auch selbst einen falschen Namen an). Ab diesem Jahr finden sich im *Göttinger Taschen Calender* Lichtenbergs Erläuterungen zu Kupferstichen William Hogarths.

1785 Mehrere Beiträge zum *Göttinger Musenalmanach*.

1786 Am 4. Dezember wird sein Sohn Georg Christoph geboren (er stirbt 1845). Im Kirchenbuch wird als Vater »Ludewig Christian Eckhardt aus Pommern« eingetragen. Nach der Heirat mit Margarete Kellner (1789) adoptiert Lichtenberg die beiden ältesten noch lebenden Kinder.

1787 20. August: Geburt des Sohnes Christian Friedrich (auch bei ihm wird als Vater »Eckhardt« im Kirchenbuch eingetragen, er stirbt im September 1789).

1788 Ernennung zum Hofrat am 15. September.

1789 Ab Januar führt Lichtenberg (bis zum April 1793) das *Sudelbuch J*. Am 24. Juni wird die Tochter Christine Luise Friederike geboren (auch bei ihr wird »Eckhardt« als Vater im Kirchenbuch aufgeführt, sie stirbt 1802). Am 5. Oktober Beginn einer schweren Krankheit, krampfartige Asthmaanfälle infolge der durch seinen Buckel bewirkten Lungenunterfunktion. Am selben Tag heiratet er Margarete Kellner, um ihr und den Kindern das Erbe zu sichern. Seine physikalische Sammlung wird von der Regierung angekauft.

1791   Am 22. Oktober wird der Sohn Wilhelm Christian Thomas geboren (er stirbt 1860).

1793   Am 1. März kommt Tochter Margarete Elisabeth Agnese Wilhelmine zur Welt (sie stirbt 1820). Am 11. April wird Lichtenberg zum Mitglied der Royal Society in London gewählt. Am 27. April beginnt er das *Sudelbuch K* (bis September 1796; das Manuskript ist zum größeren Teil verschollen). Er beginnt einen Briefwechsel mit Goethe (bis 1796).

1794   Auf seinem Gartenhaus vor den Stadtmauern errichtet Lichtenberg einen Blitzableiter. »Über Gewitterfurcht und Blitzableitung«. Er wird aufgefordert, an der von Friedrich Schiller herausgegebenen Monatszeitschrift *Die Horen* des Verlags Cotta mitzuarbeiten.

1795   Am 13. Januar lehnt er den Ruf an die Universität Leiden in den Niederlanden ab. In Petersburg wird er in die Akademie der Wissenschaften aufgenommen. Tochter Auguste Friederike wird am 13. Juni geboren (sie stirbt 1837).

1796   Am 19. Dezember beginnt Lichtenberg das *Sudelbuch L*, das er bis zu seinem Tod führt.

1797   24. Juli: Geburt des Sohnes August »Heini« Heinrich (er stirbt 1839).

1799   Georg Christoph Lichtenberg stirbt am 24. Februar in Göttingen. Er hinterlässt sechs Kinder und seine Ehefrau Margarete Kellner. Vier Tage später wird er auf dem Bartholomäus-Friedhof beigesetzt. 1848 lässt sich seine Frau neben ihm beisetzen. Beide Grabstellen bestehen bis heute.

Textnachweise

Die in der vorliegenden Ausgabe wiedergegebenen Texte
Georg Christoph Lichtenbergs folgen der Edition:

Georg Christoph Lichtenberg, *Schriften und Briefe*, 4 Bde.,
hrsg. von Wolfgang Promies, München 1967–72.

Auf sie wird im Folgenden unter Angabe des Bandes und der
Seitenzahl verwiesen.

Die Texte wurden unter Wahrung des Lautstandes behutsam
der neuen Rechtschreibung angeglichen. Die Zusätze in
eckigen Klammern stammen aus der hier zugrunde gelegten
Ausgabe, bei den Zusätzen in spitzen Klammern handelt es
sich um Hinzufügungen des Herausgebers.

1 »Wer ist da? Nur ich. O das ist überflüssig genug.«
Menschliche Selbstbetrachtungen

[Zitat: I,108] | **25** II,137 | II,423 | II,407 | I,113 | II,414 |
26 II,192 | II,166 | II,170 | II,71 | I,531 | II,66 | I,610 |
27 II,516 | II,143 | IV,33 | I,874 | I,809 | **28** I,611 | I,118 | I,76 |
I,615 | II,182 | I,100 | **29** I,469 | II,422 | I,675 | I,261 | I,473 |
I,841 | **30** I,629 | II,165 | I,888 | I,615 | I,625 | I,262 | **31** I,271 |
I,742 | II,147 | II,149 | **32** I,301 | I,424 | I,931 | I,725 | I,685 |
I,249 | **33** IV,331 | I,393 | I,616 | I,928 | **34** II,417 | I,726 | I,754 |
I,887 | **35** I,789 | II,149 | I,536 | IV,11 f. | **36** II,137 | **37** IV,328 f. |
38 IV,18 | IV,18 f. | **39** IV,724 | IV,38 | **40** II,145 | II,149 |
III,293 | II,164 | **41** II,150 | III,313 | II,417 | II,417

II »Jeder Mensch hat auch seine moralische backside«.
Über Tugend, Körperlichkeit und Schriftstellerei

[Zitat: I,67] | **43** II,143 | II,551 | II,183 | II,192 | **44** I,393 |
I,522 | I,535 | IV,42 | I,424 | **45** I,67 | I,857 | I,522 | I,720 |
I,760 | II,166 | **46** I,21 | II,191 | I,118 | II,171 | II,172 | **47** I,40 |
I,135 f. | I,719 | I,898 | II,136 | **48** III,656 | II,167 | IV,818 |
49 I,918 | IV,20 | IV,40 | **50** II,144 | I,385 | I,854 | **51** II,135 |
IV,357 | II,54 | **52** II,68 | II,551 | II,71 | II,432 | I,760 | **53** I,218 |
I,267 | II,199 | I,304 | II,136 | II,156 f. | **54** II,145 | II,420 |
II,166 | **55** I,415 | I,476 | I,517 | II,138 | I,728 | **56** II,160 | II,157 |
II,151 | **57** I,777 | II,138 | II,433 | II,158 | II,63 | **58** I,615 | II,153 |
II,147 | **59** II,185 | II,133 | II,166 | **60** II,168 | IV,355 | I,840 |
I,840 | II,70 | **61** I,335 | II,62 | I,488 | I,898 | I,502 | I,780 |
62 IV,111 | II,172 | IV,510

III »Es tun mir viele Sachen weh,
die andern nur leidtun.«
Über Vernunft, Menschenverstand und Einfalt

[Zitat: I,145] | **64** I,416 | II,168 | IV,84 | **65** I,584 | I,451 |
I,944 | I,302 | II,436 | **66** I,907 | II,426 | II,187 | II,426 |
II,421 | **67** IV,44 | I,910 | II,137 | II,141 | **68** II,187 | II,168 |
II,149 | **69** I,327 | I,361 | II,164 | I,25 | II,177 | I,900 | **70** I,25 |
II,145 | I,252 | I,451 | I,677 | I,679 | **71** I,679 | I,703 | I,451 |
II,184 | II,423 | II,133 | **72** II,163 | I,272 | I,603 | IV,674 |
73 IV,89 | IV,545 f. | **74** IV,106 f. | **75** I,417 | I,269 | I,446 |
I,633 | **76** II,429 | II,172 | II,149 | I,270 | **77** I,329 | I,530 |
II,579 | I,863 | I,920 | II,203 | **78** I,925 | II,413 | II,446 |
IV,501 f. | **79** II,146 | I,866 | II,173 | II,24 | **80** II,285 | I,624 |
I,733 | I,886 | I,907 | II,173

IV »Das *Ja* mit dem Kopfschütteln, und das *Nein* mit dem Kopfnicken«.

Über Furcht, Irrwitz und Freiheit

[Zitat: II,170] | **81** III,492 | II,192 | II,163 | II,420 | **82** IV,577 | I,875 | II,144 | I,413 | II,170 | **83** II,187 | I,913 | I,729 | III,314 | I,518 | III,452 | **84** I,475 | I,715 | I,927 | II,146 | II,202 | II,181 | I,352 | **85** II,167 | III,452 | II,289 | III,452 | I,722 | II,438 | I,717 | I,776 | **86** I,722 | I,474 | I,602 | I,510 | I,852 | II,428 | I,906 | **87** I,922 | I,841 | I,840 f. | **88** I,912 | I,909 | II,144 | III,318 | **89** II,133 | II,146 | I,917 | III,318 | I,629 | **90** II,224 | I,368 | I,368 | I,758 | I,770 f. | **91** I,475 | I,488 | I,856 | I,395 | **92** II,284 | II,264 | II,430 | I,291 | II,406 | **93** I,663 | IV,108 | I,673 | II,154 | **94** II,562 | II,84 | I,615 | I,947 | I,771 | **95** I,394 | I,659 | II,165 | II,165 | II,158 | **96** II,80 | II,140 | I,475 | I,354 | I,204 | **97** I,136 | II,394 | I,255 | I,145 | I,197 | **98** I,739 | I,349 | I,332 | II,149 | I,348 | I,512 | **99** II,162 | I,459 | I,460 | I,696 | II,146 | **100** II,686 | II,163 | II,147 | I,776 | II,551 | I,860 | **101** II,441 | II,9 | III,293 | I,865 | I,892 | **102** I,896 | II,143 | II,166 | II,190 | **103** II,145 | III,492 | I,905 | I,920 | **104** II,201 | IV,59 | II,439 | **105** I,884 | IV,53 | IV,54 f. | IV,455 | **106** II,192 | II,441 | I,652 f. | **107** IV,72 | **108** II,12 | II,163

V »Es ist eine Frage, welches schwerer ist, zu denken oder nicht zu denken.«

Über Glauben, Unmögliches und Irrtümer

[Zitat: I,126] | **109** II,136 | II,147 | II,164 | I,898 | **110** II,169 | I,132 | I,47 | I,160 | **111** II,136 | II,440 | II,151 | I,749 | I,785 | **112** II,517 | I,929 | II,401 | I,309 | I,730 | I,792 | **113** I,856 | I,331 | I,296 | II,137 | **114** I,299 | II,285 | I,708 | I,726 | I,134 | **115** II,77 | II,444 | II,170 |

II,171 | II,164 | **116** II,181 | II,286 | I,886 | II,409 | II,442 | **117** I,353 |
II,415 | I,909 | II,25 | **118** I,467 | I,306 | II,338 | **119** II,196 f. |
II,283 | I,366 | **120** II,192 | I,123 | II,402 | I,302 | I,126 | **121** I,308 |
I,146 | I,269 | I,131 f. | IV,73 | **122** IV,57 f. | IV,604 | **123** I,150 |
I,196 | I,895 | I,584 | I,330 | **124** I,350 | I,695 f. | II,170 | I,677 |
125 II,157 | I,695 | IV,117

VI »Es ist fast unmöglich, die Fackel der Wahrheit
durch ein Gedränge zu tragen, ohne jemandem den
Bart zu sengen.«
Über Wahrheit, Aufklärung und das Glück des Zweifelns

[Zitat: II,135] | **126** II,181 | I,763 | II,181 | IV,51 | **127** II,135 |
II,143 | I,763 | I,359 | II,170 | I,639 | **128** I,372 | I,624 | II,450 |
I,370 | II,184 f. | **129** I,697 | II,543 | I,618 | II,184 | **130** II,421 |
I,918 | I,688 | I,749 | **131** IV,118 f. | **132** II,452 f. | I,177 | II,44 |
133 II,43 | II,142 | II,44 | I,183 | I,851 | **134** I,310 | II,201 |
II,191 | I,328 | **135** I,335 | IV,89 | **136** II,191 | I,621 | **137** II,156 |
I,922 | II,563 | II,441 | I,943 | II,233

VII »Wo muss ich hierbei hinsehen um etwas zu finden,
was noch kein Mensch gefunden hat?«
Über Einfälle, Phantasie und Witz

[Zitat: II,80] | **138** I,704 | IV,112 | I,586 | I,899 | II,554 |
139 II,421 | II,80 | I,704 | I,948 | **140** II,43 | II,134 | II,166 |
I,752 | II,173 | **141** II,420 | I,840 | I,855 | IV,608 | I,750 |
142 I,370 | I,370 | I,874 | I,473 | II,250 | I,314 | I,333 |
143 II,544 | I,105 | I,429 | I,706 | II,562 | II,165 | **144** I,867 f. |

I,267 | II,189 | II,137 | II,163 | **145** II,83 | II,159 | I,327 |
146 I,135 | I,937 | I,135 | II,170 | II,163 | **147** I,160 | I,282 |
IV,55 | III,493 | **148** I,353 | I,354 | IV,724 | I,565 | **149** II,166 |
IV,120 f. | **150** I,919 | I,919 | III,655 | III,655 | **151** I,858 |
II,141 | IV,169 | I,753 | **152** I,851 | I,908

Verzeichnis der Abbildungen

2 Johann Conrad Krüger: Georg Christoph Lichtenberg, Porträt en face nach rechts, Kupferstich nach einem Gemälde von Johann Ludwig Strecker, 1781/82

11 Nikolaus Zimmermann: Göttinger Straßenszene, Aquarell, 1793

15 Das Wohnzimmer der Familie Dieterich, Gouache von einem unbekannten Maler, um 1800. Stuttgart, Privatbesitz. Nach: Georg Christoph Lichtenberg 1742–1799. Wagnis der Aufklärung. Katalog zur Ausstellung in Darmstadt und Göttingen 1992. München und Wien 1992

23 Manuskriptseite aus den *Sudelbüchern*

42 Lichtenberg, stehend. Mit einer Porträtskizze des Historikers August Ludwig Schlözer, unbekannter Zeichner, Bleistift auf Papier, 1793

63 Georg Christoph Lichtenberg, Silhouette nach rechts, undatiert (ca. 1777)

152 Seite aus Lichtenbergs *Noctes*, einem Notizbuch (1795–1798)